유전자는
왜 그럴까?

카를라 해프너 글 | 미케 샤이어 그림 | 신동경 옮김

너머학교

글쓴이 카를라 해프너
1978년 독일에서 태어났습니다. 독일에서 의학을 공부하고 미국 하버드 대학교에서 유전학을 연구했습니다.
지금은 남편과 세 자녀와 함께 독일에서 살며 의사와 작가로 활동합니다.

그린이 미케 샤이어
1986년 독일에서 태어났습니다. 문화학을 공부한 뒤, 일러스트레이션을 공부했습니다.
지금은 독일에서 프리랜서 일러스트레이터로 활동합니다.

옮긴이 신동경
어린이 논픽션 작가이자 번역가로 활동합니다. 쓴 책으로는 『단위가 사라졌다』, 『나는 138억 살』 등이 있고,
옮긴 책으로는 『얼음이 바사삭 그림 사전』, 『아침으로 곤충을』, 『손은 똑똑해』 등이 있습니다.

유전자는 왜 그럴까?

2023년 2월 20일 초판 1쇄 인쇄
2023년 3월 20일 초판 1쇄 발행

글쓴이	카를라 해프너
그린이	미케 샤이어
옮긴이	신동경
펴낸이	김상미, 이재민
편집	이선아
디자인	나비
종이	다올페이퍼
인쇄	청아디앤피
제본	비춤바인텍
펴낸곳	(주) 너머_너머학교
주소	서울시 서대문구 증가로20길 3-12 1층
전화	02)336-5131, 335-3366, 팩스 02)335-5848
등록번호	제313-2009-234호
ISBN	979-11-92894-09-6 77400
	978-89-94407-89-0 77400(세트)

Der Code des Lebens - Alles über Gene, DNA, Gentechnik und warum du so bist, wie du bist
written by Carla Häfner and illustrated by Mieke Scheier © 2022 von dem Knesebeck GmbH & Co. Verlag KG, München
A division of Média-Participations
Text Copyright © Carla Häfner
Illustration Copyright © Mieke Scheier
First published in the German language in 2022
By von dem Knesebeck GmbH & Co. Verlag KG, a division of Média-Participations
All Rights Reserved in all countries by von dem Knesebeck GmbH & Co. Verlag KG.
Korean translation ©2023 by Nermer
This Korean edition published by arrangement with von dem Knesebeck GmbH & Co. Verlag KG
through Orange Agency, Korea

www.nermerbooks.com
너머북스와 너머학교는 좋은 서가와 학교를 꿈꾸는 출판사입니다.

차례

알고 있니? ·· 4
유전학의 시작 ·· 6
현미경 들여다보기 ··· 12
파리가 나는 방 ·· 16
유전자를 구성하는 재료 ·· 18
공작실에서 찾아낸 DNA 구조의 수수께끼 ····································· 20
지퍼처럼 열리는 DNA ·· 22
유전자 암호 해독 ··· 23
세포핵 속에 꽁꽁 ··· 27
앗, 실수다 ·· 28
하나에서 여럿으로 ··· 30
우리는 유전자의 포로? ··· 32
가족의 유전자는 얼마나 같을까? ·· 34
인간 유전자 지도 ··· 36
차이를 알면 ·· 40
생명의 설계도를 바꾸는 유전 공학의 시작 ····································· 42
재조합 치료제 ··· 44
DNA 수선 ·· 46
크리스퍼 유전자 가위 ··· 48
녹색 유전 공학 ·· 50
환경을 지키는 유전 공학 ··· 51
유전자 드라이브 ·· 52
복제 양 돌리와 다른 클론들 ·· 54
작지만 만능인 세포 ·· 56
공룡을 되살린다고? ··· 57
범죄자들, 딱 걸렸어! ··· 58
새로운 백신 ·· 59
생명과 우리 자신에 대한 비밀이 다 풀린 걸까? ······························ 60
너도 연구해 봐 ·· 62
찾아보기 ·· 63
풀이 ·· 64

알고 있니?

너의 생명이 시작되었을 때, 넌 맨눈에는 보이지도 않는 아주 작은 세포 하나였어. 그 세포가 분열하기 시작했지. 하나가 둘이 되었다가 다시 넷, 여덟, 열여섯, 이런 식으로 자꾸만 늘어났어. 그렇게 해서 모든 기관이 완성되어 바로 네가 된 거야! 지금 너를 이루고 있는 세포는 수십조 개나 되지. 그런데 처음의 그 작은 세포는 자기가 사람이 될 거라는 사실을 어떻게 알았을까? 왜 쥐나 코끼리 같은 다른 생물이 되지 않았을까? 사람만 해도 우리 행성에 수십억 명이 사는데, 왜 다른 사람이 아니라 하필 네가 된 걸까?

아주 오랫동안, 과학자들도 답을 알지 못했어. 그러다가 중요한 발견을 했지. 유전자가 생명체의 특징을 결정한다는 걸 알아낸 거야. 과학자들은 세포 안에서 유전자 정보를 담고 있는 물질을 발견했어. 그게 DNA야. DNA를 설계도라고 생각하면 돼! 생명체를 어떤 구조로 만들지, 생명체가 어떻게 보이고 어떤 기능과 특징을 지닐지 알려 주는 설계도 말이야. 그런데 도대체 유전자가 뭘까? 또 DNA는 무엇일까? DNA는 세포 하나에 다 들어갈 만큼 작은데, 어떻게 거기에 생명체에 대한 모든 정보가 들어 있는 걸까? 그 정보는 어떻게 부모에게서 자식에게로 전달될까? 사람이 유전자를 바꾸면 무슨 일이 생길까? 사람이 아예 유전자 정보를 새로 쓴다면?

지금부터 흥미진진한 DNA 발견 이야기를 들려줄게. 그 발견이 이 세계와 우리 인간을 어떻게 변화시켰는지도 알려 줄 거야.

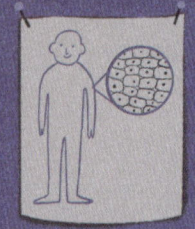

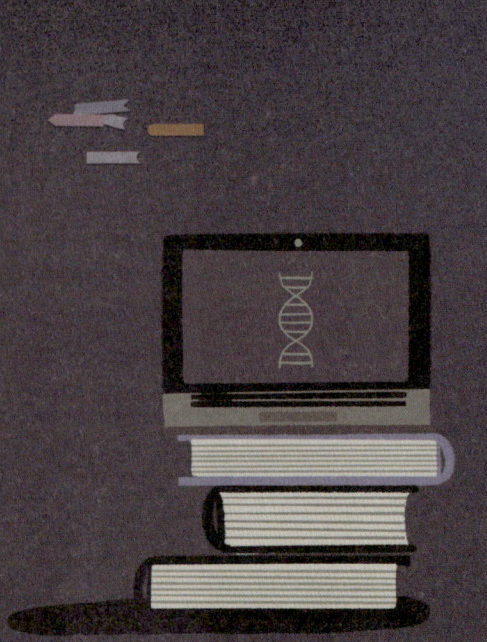

유전학의 시작

지금부터 할 이야기는 오스트리아 땅이었던(지금은 체코 땅) 브르노에서 1856년에 시작되었어. 그곳 한 수도원에 그레고어 멘델이라는 수도사가 있었어. 그는 평범한 수도사가 아니었어. 수학, 물리학, 식물학을 사랑했거든. 그는 원래 과학자가 되고 싶었어.
하지만 가난한 농부의 아들이었던 멘델은 공부할 돈이 없었어. 학교에 가는 대신 아버지 농장을 물려받기로 되어 있었지. 이런 상황에서 탈출하기에 가장 좋은 길은 수도사가 되는 거였어. 멘델은 운이 좋았어. 브르노 수도원에서는 기도뿐만 아니라 연구 활동도 활발했거든. 게다가 멘델에게는 빈에서 공부할 기회까지 주어졌지. 2년 뒤, 멘델은 자연법칙, 수학, 식물과 동물에 대한 엄청난 지식을 쌓고 브르노로 돌아왔어. 그의 머릿속에는 시간과 노력이 제법 필요한 연구 계획도 들어 있었단다.

멘델은 수도원 정원에 있는 온실에서 여러 품종의 완두콩을 기르기 시작했어. 꽃이 보라색인 것과 흰색인 것, 콩이 쭈글쭈글한 것과 매끄러운 것, 꼬투리가 노란색인 것과 초록색인 것, 줄기가 긴 것과 짧은 것 등 특징이 확실히 다른 품종들을 길렀지. 멘델은 그때부터 온실에서 오랜 시간을 보냈어. 몇 년 동안이나 완두콩을 길렀지. 자신이 아주 큰 수수께끼를 풀 실마리를 찾았다는 걸 알고 있었거든.

멘델은 그 시대의 많은 사람이 그랬던 것처럼, 유전의 수수께끼를 풀려고 했어. 자녀가 부모와 조부모를 닮는다는 건 누구나 알았어. 식물이나 동물에서도 한 세대의 특징이 다음 세대로 이어진다는 것이 분명해 보였지.
농부들은 이런 지식을 이용해 자신이 바라는 품종을 만들어 내기도 했어. 왜 이런 일이 생기는 걸까? 그때는 아무도 그 이유를 몰랐어.

완두콩은 멘델의 연구에 아주 잘 맞는 식물이었어. 멘델은 겉모습으로 쉽게 구분할 수 있는 품종들을 선택했어. 멘델은 완두콩의 형질(유전학에서는 생물의 특징을 형질이라고 해.)을 연구했는데, 형질마다 두 가지 다른 품종이 있었어. 예를 들어 멘델은 보라색 꽃이 피는 품종과 흰색 꽃이 피는 품종을 교배했어. 보라색 꽃에서 채취한 꽃가루를 붓으로 흰색 꽃 암술머리에 묻혔지. 꽃가루 속에 들어 있는 남성 생식 세포인 정세포가 흰 꽃이 피는 품종의 여성 생식 세포인 난세포와 만나 수정되었어. 수정된 난세포가 자라서 콩이 열렸고, 그걸 심었더니 새로운 완두콩이 자랐어.

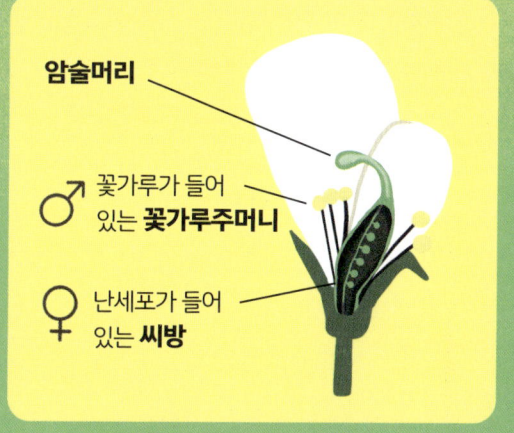

보라색 꽃 완두콩과 흰 꽃 완두콩을 교배한 결과가 어땠을 거 같아? 멘델은 결과를 보고 깜짝 놀랐어. 보라색 꽃만 잔뜩 피고 흰 꽃은 하나도 피지 않았거든! 왜 이런 결과가 나온 걸까?

멘델은 해답을 찾기 위해서 새로 자란 완두콩끼리 다시 교배했어. 이번에도 결과가 놀라웠어. 갑자기 흰 꽃이 나타났거든. 이 형질은 사라진 게 아니라 숨어 있었던 거야. 정말 이상했지. 멘델은 똑같은 교배 실험을 수천 번이나 했어. 그랬더니 특별한 비율이 나타났어. 교배한 완두콩들 넷 가운데 셋은 (75%) 보라색 꽃을 피웠고, 넷 가운데 하나(25%)는 흰 꽃을 피웠어. **둘의 비율은 3 대 1이었어.** 멘델은 완두콩의 **다른 형질 7가지**도 똑같은 방식으로 교배해 보았어. 언제나 같은 결과가 나왔지. 2세대에서는 모든 완두콩이 부모 세대 중 하나와 똑같은 형질을 나타냈다가 그다음 세대에서는 양쪽 부모의 형질이 둘 다 나타났어. 언제나 그 비율은 3 대 1이었지.

정말 특이해!

비율은 3 대 1

가지 길이　　꽃 색깔　　꽃 위치

콩 모양　　콩 색깔　　꼬투리 모양　　꼬투리 색깔

아버지 식물　　어머니 식물

생식 세포의 수정

자녀 식물

멘델은 골똘히 생각한 끝에 이렇게 결론을 내렸어. 생식 세포에는 형질 정보를 담은 무언가가 있는데, 교배할 때 부모에게서 자식에게로 전달된다. 그 무언가는 작은 입자다. 멘델은 그 입자에 '인자'라는 이름을 붙였지. 멘델은 또 한 가지를 생각해 냈어. 3 대 1이라는 비율 뒤에는 공통된 법칙이 숨어 있다! 왜냐하면 여러 형질로 교배 실험을 해도 언제나 같은 결과가 나왔으니까. 멘델은 이 비율을 설명할 방법을 찾아냈지. 하나의 형질에는 두 개의 인자가 작용한다. 즉 인자는 한 쌍으로 이루어져 있다. 부모는 두 인자 중 하나만 자녀에게 전달한다. 둘 중에 어느 것이 전달될지는 순전히 우연으로 결정된다. 자녀는 부모에게서 각각 하나씩 인자를 받아 부모처럼 두 개의 인자를 갖는다.

한 쌍을 이루는 인자들은 두 종류가 있어. 꽃 색깔을 예로 들면, 보라색 인자와 흰색 인자가 있지. 만약 자녀가 부모에게서 받은 두 인자가 같으면 상황은 간단해. 보라색 인자 둘을 가진 식물은 보라색 꽃을, 흰색 인자 둘을 가진 식물은 흰색 꽃을 피우지.

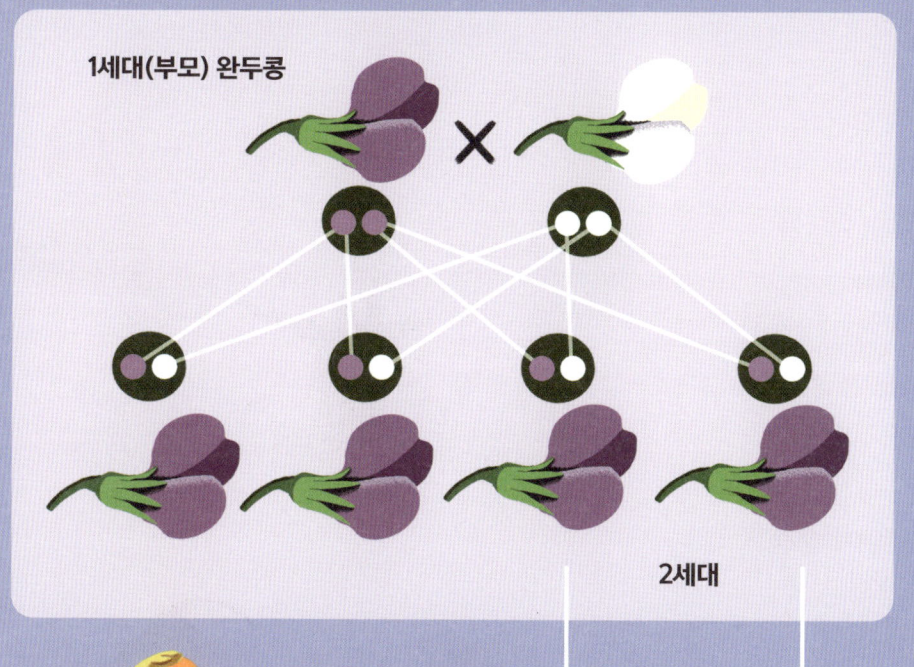

자녀 식물이 두 종류의 인자를 받는 경우는 좀 복잡해. 이때는 한 인자가 다른 인자가 드러나지 못하도록 가로막아. 꽃 색깔을 예로 들면, 보라색 인자가 흰색 인자가 드러나지 못하도록 가로막지. 멘델은 가로막는 인자를 **우성**, 드러나지 못하는 인자를 **열성**이라고 불렀어.

내가 우성이야!

2세대에서는 모두 보라색 꽃이 폈어!

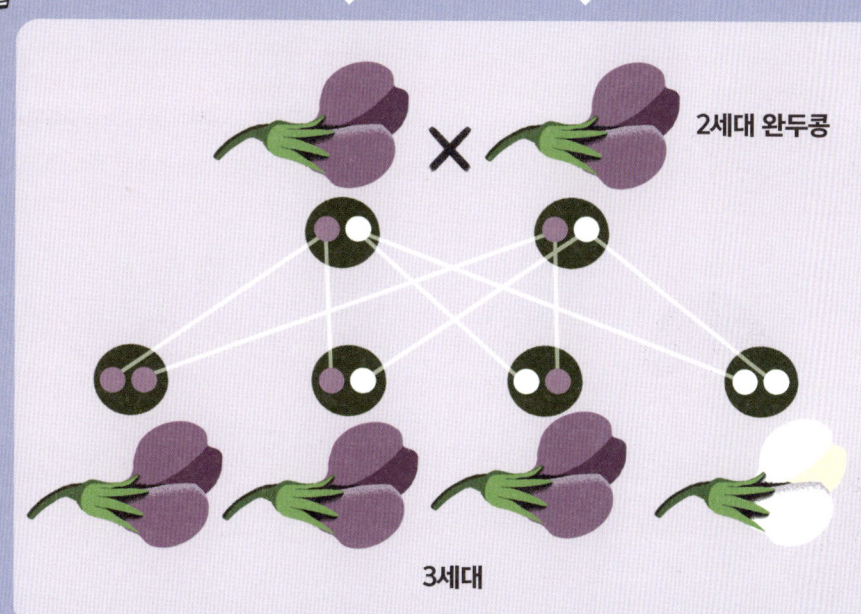

아하, 비율은 확실히 3 대 1이야!

나중에 멘델은 두세 가지 다른 형질을 지닌 완두콩으로 교배 실험을 했어. 교배 결과의 비율을 조사해서 여러 가지 형질들이 서로 독립적으로 유전된다는 걸 알아냈어. 다시 말해서 한 형질이 다른 형질에 영향을 미치지 않는다는 거지. 예를 들어 가지가 길면 보라색 꽃이 피고, 가지가 짧으면 흰색 꽃이 피는 건 아니야.

멘델은 자기가 발견한 사실을 발표했지만, 아무도 관심을 보이지 않았어. 40년 뒤에서야 사람들은 멘델의 연구가 매우 중요하다는 걸 알게 되었어. 그가 죽고 나서 한참 뒤의 일이었지.

멘델은 인자가 무엇으로 이루어져 있는지, 어디에 있는지 몰랐지만, 그런 게 분명히 존재한다는 걸 발견했어. 그것이 완두콩의 여러 특징을 결정하고 엄격한 법칙을 따라서 부모에게서 자녀로 전달된다는 사실도 알았어. 멘델의 인자는 나중에 **유전자**라고 불리게 되었지.

사실 유전자가 전달되는 기본 법칙은 멘델이 발견한 거야. 그 법칙은 특별히 완두콩에만 적용되는 게 아니야. **모든 생물의 유전 정보는 유전자를 통해서 전달되지.** 유전자에는 생물의 특징에 대한 정보가 들어 있어. 그런 유전자가 어떻게 부모에게서 자녀로 전달되는지 설명하는 게 유전 법칙이야. 완두콩뿐만 아니라 너도 그 법칙을 따르지.

네 유전자의 반은 엄마한테서, 나머지 반은 아빠한테서 물려받았어. 그 유전자에 너의 생김새에 대한 정보가 들어 있어. 네가 물려받은 유전자가 지금의 너를 만든 거야. 왜 자식들이 자기 부모를 닮는지, 왜 형제자매들이 서로 비슷한지 이제 알았을 거야. 맞아, 유전자가 한 일이야!

멘델이 유전자와 유전 법칙을 발견함으로써 **유전학**이라고 불리는 새로운 과학이 시작되었어. 오늘날 사람들이 멘델을 유전학의 아버지라고 부르는데, 그렇게 불릴 만한 자격이 충분해.

우리 모두 유전자를 가지고 있어!

멘델이 발견한 유전자가 형질의 유전을 책임지고 있어. 모든 유전자는 한 쌍으로 이루어져 있어. 한 쌍의 반은 어머니에게서, 나머지 반은 아버지에게서 물려받은 거야.
멘델의 법칙은 유전자가 어떻게 전달되는지 알려 줘.
다른 유전자가 효과를 나타내지 못하도록 가로막는 유전자를 **우성 유전자**라고 해.
우성 유전자에 의해서 가로막히는 유전자를 **열성 유전자**라고 해.

현미경 들여다보기

유전자를 찾으려면 세포 속으로 들어가야 해. 세포는 생명체를 이루는 기본 단위야. 너도 세포로 이루어져 있어. 수십조 개의 세포로 말이야. 네 피부, 근육, 뼈, 뇌도 모두 세포로 이루어져 있지. 18세기에 현미경 성능이 좋아진 덕분에 세포에 대해서 많은 사실이 밝혀졌어. 현미경으로 보면 세포 속에 무언가 둥근 게 보였어. 그것을 **세포핵**이라고 불렀지. 세포핵 속에는 하나 또는 여러 개의 둥근 것이 있었는데, 그건 **핵소체**라고 했어. 세포핵은 액체로 둘러싸여 있었어. 그 액체를 세포질이라고 불렀어.

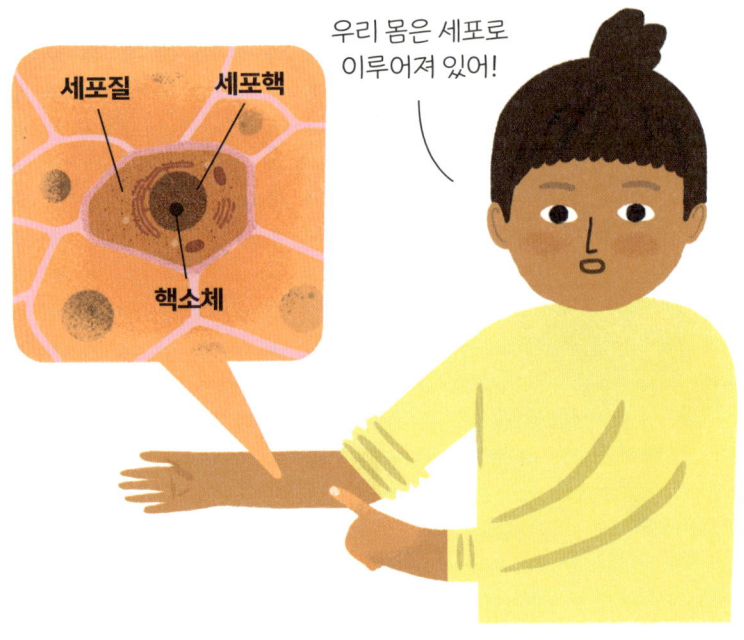

우리 몸은 세포로 이루어져 있어!

19세기 후반에 **발터 플레밍**이라는 과학자가 독일의 킬이라는 도시에서 살고 있었어. 그는 열정을 기울여 현미경으로 세포를 관찰했어. 한번은 새로운 염색 기술을 이용해 세포핵 속에서 새로운 것을 발견했어. 염색하면 진한 파란색을 띠는 물질이었지. 플레밍은 그 물질에 염색질이라고 이름을 붙였어. 특별한 뜻은 없어. 염색이 잘 되어서 그런 이름을 붙인 거야.

그는 여러 세포에서 염색질을 관찰하여, 세포가 둘로 나뉠 때 염색질에 어떤 변화가 생기는지 알아냈어. 세포가 나뉘는 일은 아주 중요해. 세포 하나가 둘이 되고, 다시 넷이 되는 식으로 자꾸만 나뉘는 게 우리 몸이 자라는 거니까.

플레밍은 세포가 나뉘는 과정을 현미경으로 관찰하여 아주 인상적인 발견을 했어.

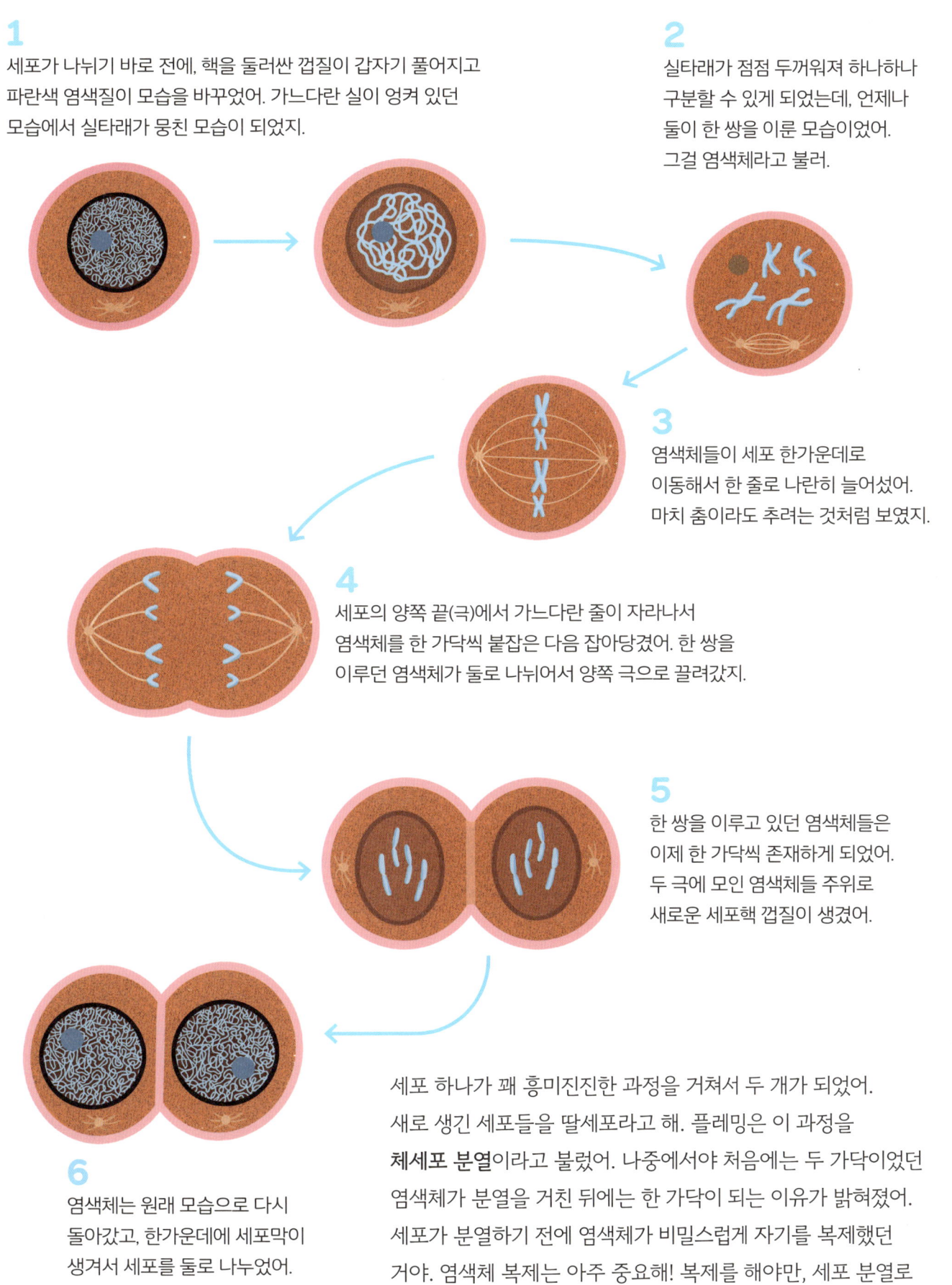

1
세포가 나뉘기 바로 전에, 핵을 둘러싼 껍질이 갑자기 풀어지고 파란색 염색질이 모습을 바꾸었어. 가느다란 실이 엉켜 있던 모습에서 실타래가 뭉친 모습이 되었지.

2
실타래가 점점 두꺼워져 하나하나 구분할 수 있게 되었는데, 언제나 둘이 한 쌍을 이룬 모습이었어. 그걸 염색체라고 불러.

3
염색체들이 세포 한가운데로 이동해서 한 줄로 나란히 늘어섰어. 마치 춤이라도 추려는 것처럼 보였지.

4
세포의 양쪽 끝(극)에서 가느다란 줄이 자라나서 염색체를 한 가닥씩 붙잡은 다음 잡아당겼어. 한 쌍을 이루던 염색체가 둘로 나뉘어서 양쪽 극으로 끌려갔지.

5
한 쌍을 이루고 있던 염색체들은 이제 한 가닥씩 존재하게 되었어. 두 극에 모인 염색체들 주위로 새로운 세포핵 껍질이 생겼어.

6
염색체는 원래 모습으로 다시 돌아갔고, 한가운데에 세포막이 생겨서 세포를 둘로 나누었어.

세포 하나가 꽤 흥미진진한 과정을 거쳐서 두 개가 되었어. 새로 생긴 세포들을 딸세포라고 해. 플레밍은 이 과정을 **체세포 분열**이라고 불렀어. 나중에서야 처음에는 두 가닥이었던 염색체가 분열을 거친 뒤에는 한 가닥이 되는 이유가 밝혀졌어. 세포가 분열하기 전에 염색체가 비밀스럽게 자기를 복제했던 거야. 염색체 복제는 아주 중요해! 복제를 해야만, 세포 분열로 생긴 딸세포가 모세포와 같은 수의 염색체를 지니게 되기 때문이지.

1900년경에 뷔르츠부르크에서 활동했던 과학자인 **테오도어 보베리**는 생식 세포가 만들어지는 과정에 관심이 있었어. 그 과정을 **감수 분열**이라고 하지. 멘델이 교배 실험을 한 이야기를 읽었으니 생식 세포가 뭔지는 잘 알 거야. 생식 세포는 특별해. 왜냐고? 거기에서 새로운 생명체가 생겨나기 때문이지.

보베리는 현미경으로 관찰한 끝에 중요한 발견을 했어. 감수 분열로 생긴 생식 세포의 염색체 수는 보통 세포 염색체 수의 딱 반이었어. 남성 생식 세포와 여성 생식 세포가 결합한 뒤에야 염색체 수는 다시 보통 세포와 같아졌지.

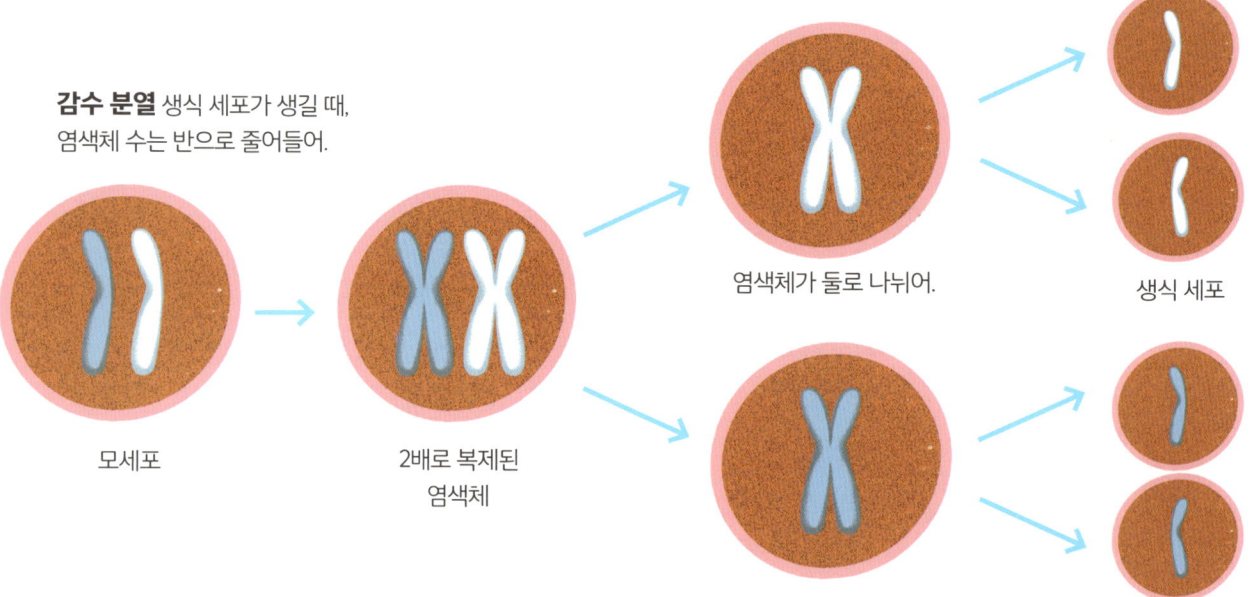

감수 분열 생식 세포가 생길 때, 염색체 수는 반으로 줄어들어.

모세포 → 2배로 복제된 염색체 → 염색체가 둘로 나뉘어. → 생식 세포

남성 생식 세포와 여성 생식 세포의 결합

둘의 새끼는 다시 두 세트의 염색체를 지니게 돼.

한 생물의 모든 세포에는 같은 수의 염색체가 들어 있어. 하지만 생식 세포의 염색체 수는 반밖에 안 돼. 생식 세포들이 결합한 뒤에야 염색체 수는 다시 두 배가 되지.

이미 들어 본 내용 같다고? 맞아, 멘델의 완두콩 실험에서 나왔던 내용이야! 멘델이 유전자 대신에 인자라는 말을 사용한 것만 다르지. 테오도어 보베리의 미국인 동료였던 **월터 서턴**도 이런 사실을 알았어. 1904년에 두 사람은 유전자가 염색체에 있을 거라는 가설을 세웠어.

14

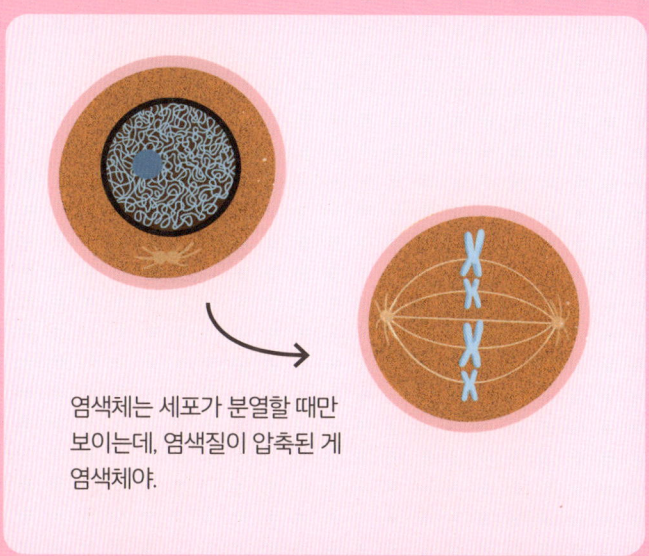

염색체는 세포가 분열할 때만 보이는데, 염색질이 압축된 게 염색체야.

나중에 사람의 염색체는 **46개**라는 사실이 밝혀졌는데, 23개의 쌍으로 이루어져 있어. 23쌍 모두 두 염색체 가운데 하나는 어머니에게서 나머지 하나는 아버지에게서 받은 거야.

23번째 염색체 쌍은 특별해. 이 쌍은 **성염색체**야. 성염색체에는 X염색체와 이보다 조금 짧은 Y염색체가 있어. 두 염색체가 성을 결정해. 네가 남자라면 너에게는 X염색체 하나와 Y염색체 하나가 있고, 여자라면 X염색체 두 개가 있지. 그렇지만 예외도 있어. 어떤 사람들은 염색체가 결정한 성이 아니라 다른 성을 가지고 있다고 느끼기도 해.

이 그림은 한 세포에 들어 있는 염색체를 나타낸 거야!

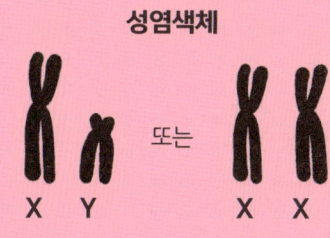

성염색체

사람 세포에 들어 있는 염색체는 23쌍, 즉 46개야. 생식 세포에는 염색체가 반, 그러니까 23만 들어 있어.

체세포 분열은 몸을 이루는 세포가 둘로 나뉘는 과정이야. 생물이 자라거나 망가진 세포를 새로운 세포로 교체할 때 체세포 분열이 일어나.

감수 분열은 남성 생식 세포와 여성 생식 세포가 만들어지는 과정이야. 생식 세포로부터 새 개체가 자라.

파리가 나는 방

보베리와 서턴은 유전자가 염색체에 있다고 생각했어. 그걸 어떻게 확인할 수 있을까? 그리고 유전자란 도대체 무엇이고 어떤 모습일까? 과학자인 **토머스 모건**은 무엇이든 철저히 검토하는 사람이었어. 그는 **초파리**로 멘델의 결과를 확인해 보기로 했어. 모건은 1908년에 컬럼비아대학교에 있는 자기 실험실에서 연구를 시작했어.

멘델이 그랬던 것처럼, 모건은 먼저 구분하기도 쉬우면서 유전도 되는 초파리 형질을 찾아내야 했어. 그래서 동료 연구자들과 함께 초파리를 길렀지. 연구실 탁자에는 초파리가 든 작은 병들이 놓이기 시작했어. 날이 갈수록 병 수가 늘어났어. 얼마 뒤 모건의 연구실에는 파리 방이라는 별명이 붙었어.

아주 드문 일이긴 했지만, 초파리 집단에 다른 초파리와 다르게 보이는 개체가 하나둘씩 나타났어. 초파리 유전자가 우연히 변화를 일으켜서 날개가 짧은 초파리, 다리가 구부러진 초파리, 다리가 더 적은 초파리, 몸이 검은색인 초파리, 더듬이에 털이 더 많거나 눈이 하나 없는 초파리 등 이상한 초파리들이 나타난 거지. 덕분에 모건은 유전 연구를 훌륭하게 해냈어. 왜냐하면 이런 초파리들의 눈에 띄는 형질을 '정상' 초파리 형질과 쉽게 구분할 수 있었기 때문이었지.

모건의 연구 결과는 멘델의 결과와 같았어. 그도 같은 비율을 찾아냈지. 하지만 다른 사실도 발견했어. 모건은 눈이 하얀 수컷 초파리와 눈이 빨간 암컷 초파리를 교배했어. 그다음에 그 자손들끼리 다시 교배했지. 그런데 놀라운 결과가 나왔어. 눈이 하얀 초파리들은 모두 수컷이었어. 모건이 같은 실험을 여러 차례 반복했지만, 눈이 하얀 암컷 초파리는 한 마리도 나타나지 않았어! 눈 색깔이 흰 특징은 분명히 초파리의 성과 연결되어 있었어. 그런데 성은 성염색체인 X와 Y가 결정하잖아. 그러니까 흰 눈이 나타나도록 한 유전자 변화는 성염색체에서 일어난 거라고 봐도 되지. 정확한 계산을 해 본 뒤, 모건은 이 변화가 X염색체에서 일어났다고 결론을 내렸어. 비로소 유전자가 염색체에 있다는 걸 알아낸 거야. 이 발견은 이어지는 연구의 출발점이었어.

모건은 모든 형질이 독립적으로 유전되는 게 아니라는 사실에 주목했어. 예를 들어 짧은 날개와 검은 몸 색깔, 흰 눈과 노란 몸 색깔은 함께 유전되었지. 모건은 다양한 형질들을 함께 유전되는 것들끼리 네 그룹으로 나누었어.

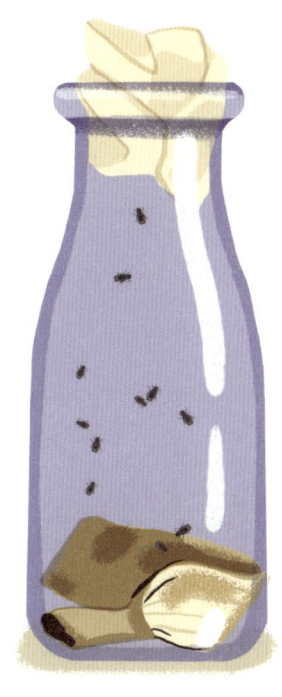

초파리 염색체가 몇 쌍인지 추측해 볼래? 답은 네 쌍! 이게 우연일까? 아니, 모건은 그렇게 생각하지 않았어! 그는 몇몇 형질이 한 묶음으로 유전되는 건 그 형질들과 관련된 유전자들이 같은 염색체에 있기 때문이라고 확신했어. 그는 유전자들이 진주 목걸이의 진주알처럼 염색체 위에 한 줄로 늘어선 모습을 떠올렸어.

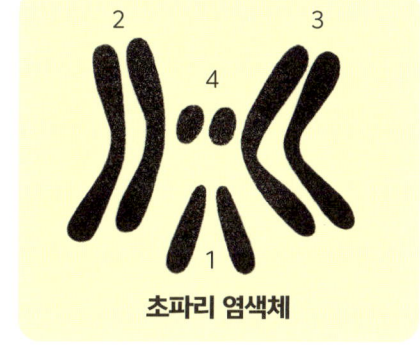

초파리 염색체

모건과 동료 연구자들은 어떤 유전자들이 같은 염색체에 있는지 알아내는 데 그치지 않았어. 염색체에서 어떤 유전자들이 서로 가까이 붙어 있고, 어떤 유전자들이 서로 멀리 떨어져 있는지도 알아냈어. 또 유전자들이 염색체의 어느 곳에 있는지 그 위치를 꽤 정확하게 알아내 **유전자 지도**를 처음으로 그렸어.

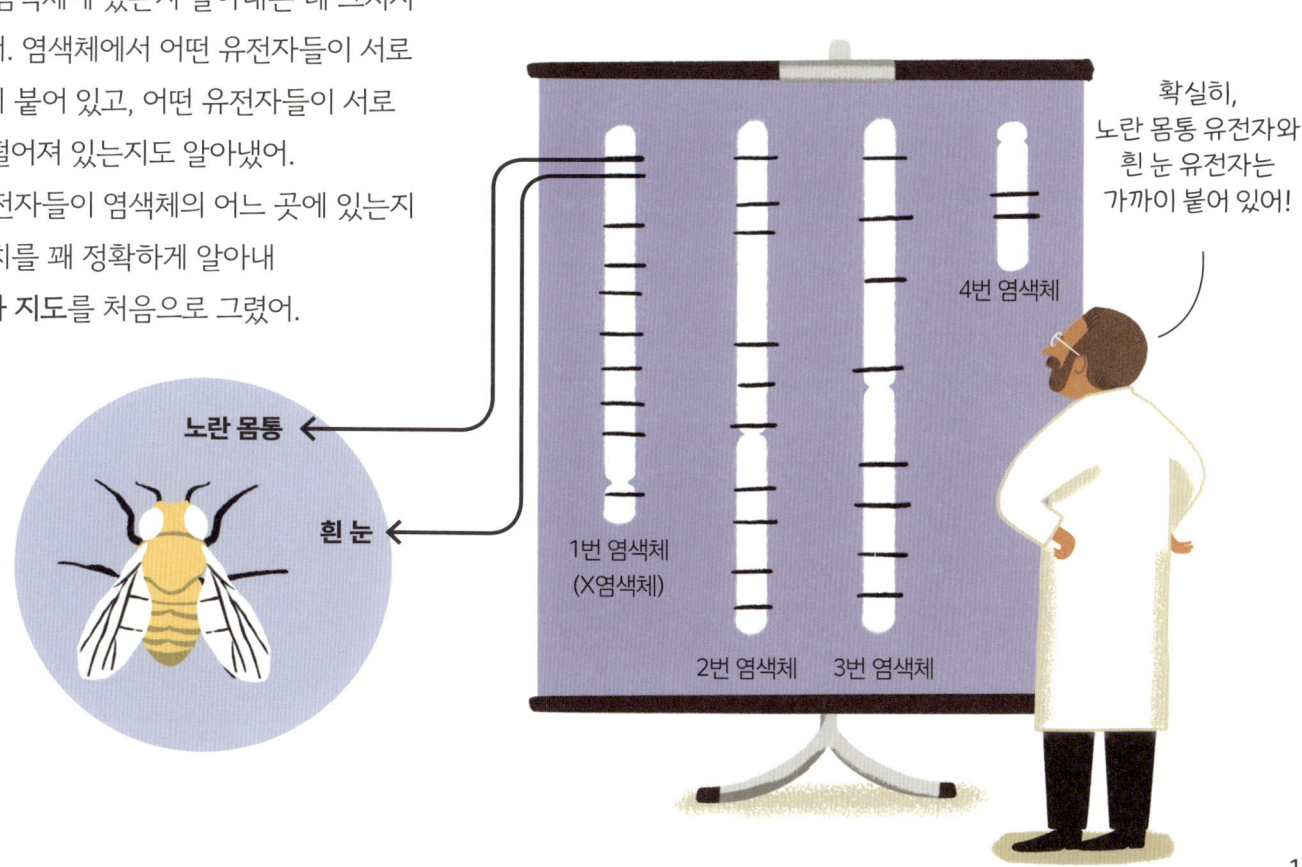

확실히, 노란 몸통 유전자와 흰 눈 유전자는 가까이 붙어 있어!

유전자를 구성하는 재료

이제 멘델의 인자가 실제로 존재한다는 건 확실해졌어. 염색체가 유전자로 이루어져 있다는 것도 분명해졌어. 그렇다면 유전자는 무엇으로 이루어져 있는 걸까?

1869년, 튀빙겐에서 일하던 의사 **프리드리히 미셰르**가 특별한 사실을 발견했어. 그는 붕대에 묻은 고름에서 혈액 세포, 정확하게는 백혈구를 채취해 실험했어. 그때에도 세포 안에 있는 여러 가지가 단백질로 이루어져 있다는 건 잘 알려져 있었지.

미셰르도 단백질과 단백질이 세포 안에서 하는 역할에 대해 더 잘 알고 싶어서 실험한 거였어. 하지만 그가 발견한 것은 단백질이 아니었어. 시험관 안에 흰색 침전물이 생겼는데, 세포핵에서 나온 것은 분명했지만 단백질과 달랐어. 미셰르는 이 물질에 뉴클레인이라는 이름을 붙였어. 뉴클레인은 나중에 **핵산**이라고 불리게 되었지. 핵산은 얼렸다가 다시 녹일 수는 있지만, 실온에 두면 금방 분해되는 물질이야. 미셰르는 운이 좋았지. 실험한 때가 마침 겨울이어서 실험실도 얼음이 얼 만큼 추웠거든. 그렇지 않았다면 핵산이 분해되어 버려서 발견하지 못했을 거야.

미셰르는 핵산을 추출할 새로운 재료를 찾아냈어. 연어 정액이었어. 정액에는 수많은 정자(남성 생식 세포)가 들어 있었고, 거기에서 핵산을 충분히 추출할 수 있었지. 하지만 쉽지는 않았어. 냉장고가 없던 때라서 겨울에만 실험을 할 수 있었거든. 미셰르는 한밤중에 강으로 나가 그물로 연어를 잡아서 정액을 채취한 다음에, 실험실로 돌아와 실험하곤 했어. 한겨울 찬 바람이 잘 들어오도록 실험실 창문은 꼭 열어 두었지.

미셰르 덕분에 세포에 핵산이 있다는 게 밝혀졌어! 그런데 왜 세포에 핵산이 있는 걸까?

이 질문에 맞는 답을 찾기까지 75년이 걸렸어. 1944년에 일어난 일이었지. **오즈월드 에이버리**가 한 실험에서 핵산, 정확하게 말하면 **디옥시리보 핵산(DNA)**이 유전자를 구성하는 물질이라는 것을 보여 주었어. 이 물질이 우리가 지닌 특징을 결정하고 부모에게서 자식한테로 전달되는 거였어. 많은 과학자가 그토록 오래 찾았던 바로 그것이었지! 과학자들은 DNA가 당(디옥시리보오스), 인산, 그리고 염기(아데닌, 티민, 시토신, 구아닌)로 이루어져 있다는 것도 밝혀냈어. 어려운 화학을 배워야 할 것 같지? 하지만 겁내지 마! DNA를 구성하는 물질들을 네가 자주 가지고 놀았던 그림 퍼즐의 조각들이라고 생각해 봐. 좀 다른 건 퍼즐 조각에 이름이 붙어 있다는 것뿐이야.

과학자들은 DNA 말고도 핵산 한 가지를 더 찾았어. **RNA(리보 핵산)**야. RNA도 중요한데, 그 이야기는 나중에 할게. 그림을 봐. DNA와 RNA를 이루는 물질이 어떻게 다른지 알겠지? DNA를 구성하는 당은 디옥시리보오스야. 그래서 디옥시리보 핵산이라고 불러. RNA를 구성하는 당은 리보오스이고, 그래서 리보 핵산이라고 하는 거야. 다른 차이도 있어. RNA의 염기에는 티민이 없어. 대신 우라실이라는 염기가 있지.

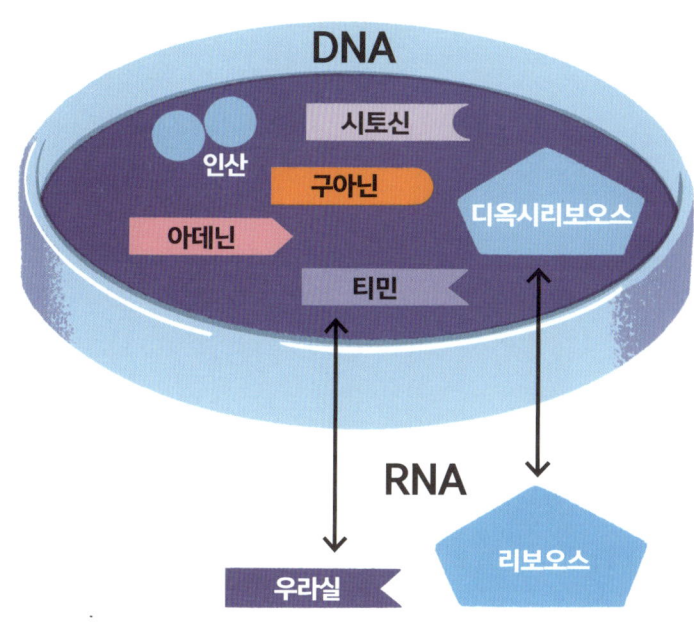

세포핵 속에 있는 DNA가 염색체를 구성하는 주요 요소야.
DNA가 유전자의 운반자인 셈이지.
DNA는 당(디옥시리보오스), 인산, 그리고 네 가지 염기(아데닌, 티민, 시토신, 구아닌)로 이루어져 있어.
핵산에는 두 종류가 있어. DNA와 RNA.
RNA를 구성하는 물질은 좀 달라. RNA 당은 디옥시리보오스가 아니라 리보오스야. 그리고 네 염기 중에는 티민 대신 우라실이 있어.

공작실에서 찾아낸 DNA 구조의 수수께끼

DNA는 대체 어떻게 한 생명체에 대한 모든 정보를 운반할 수 있는 걸까? 많은 과학자가 이 수수께끼를 푸는 데 매달렸어. 이 수수께끼를 푸는 게 곧 생명의 비밀을 푸는 거였으니까. **로절린드 프랭클린**과 **모리스 윌킨스**는 런던의 한 실험실에서 엑스선으로 DNA 구조를 찾는 연구를 하고 있었어. 그들은 DNA를 단단한 결정 상태로 만든 다음, 거기에 엑스선을 쏘았어. 그렇게 해서 DNA의 엑스선 **회절 사진**을 찍었지. 그들은 이 사진들을 연구하면 DNA 구조와 모양을 알아낼 수 있다고 생각했어. 어두운 방에서 손전등으로 물건이나 손을 비추면 벽에 그림자가 생기잖아. 그림자를 보고 어떤 물건인지 알아맞힐 수도 있고. 그런 것과 비슷한 거야.

하루는 윌킨스가 자기 연구에 대해 강연을 했는데, 강연 끝 무렵에 DNA 회절 사진을 보여 주었어. 그 자리에 **제임스 왓슨**도 청중으로 와 있었지. 왓슨은 그 사진에 깊은 인상을 받았어. 머릿속에서 그 사진을 지워 버릴 수가 없을 정도였지. 사진 상태는 별로 좋지 않았지만, DNA가 규칙적인 구조를 이루고 있다는 건 알 수 있었어.

얼마 뒤, 왓슨에게도 기회가 찾아왔어. 런던에서 가까운 케임브리지에 있는 연구소에서 DNA 구조를 연구하게 된 거야. 왓슨은 그곳에서 반드시 DNA 구조를 밝혀내겠다고 결심했지. 왓슨은 그 연구소에서 과학자인 **프랜시스 크릭**을 알게 되었어. 두 사람은 DNA 구조에 대해 끝없는 대화를 나누었어. 둘 다 그 문제에 완전히 사로잡혀 있었거든. 얼마 뒤, 연구소에서 두 사람에게 연구실을 하나 내주었어. 둘은 그 방에서 철판, 나뭇조각, 작은 공, 철사와 나사 같은 단순한 물건들로 DNA 모델을 만들었어. 아무 때나 그들의 공작실에 처박혀서 나사를 돌리고, 계산하고, 골똘히 생각하고는 했지.

그 무렵 **어윈 샤가프**는 컬럼비아대학교의 연구실에서 여러 생물의 DNA를 연구하고 있었어. 생물이 달라도 DNA를 구성하는 재료는 모두 같았어. 어느 생물의 DNA든 당, 인산, 네 가지 염기인 아데닌(Adenine), 티민(Thymine), 시토신(Cytosine), 구아닌(Guanine)으로 이루어져 있었지. 샤가프는 연구 중에 흥미로운 사실을 발견했어. 염기 양을 측정했더니, 아데닌과 티민의 양이 똑같았고, 구아닌과 시토신의 양도 같았어. 정말 신기한 일이었어!

다시 왓슨과 크릭 이야기로 돌아가 볼까? 왓슨이 DNA 구조에 대해서 이야기하려고 연구실로 찾아갔을 때, 윌킨스가 프랭클린이 찍은 회절 사진 한 장을 보여 주었어. 그 유명한 **51번 사진**이었지.

왓슨은 사진을 보고는 DNA가 나선형 분자 구조여야 한다는 걸 알아차렸어. 나선형 분자 구조가 뭐냐고? 나사를 본 적 있지? DNA 분자가 나사골 모양으로 감겨 있는 사슬 모양이라는 거지. 왓슨은 얼마 지나지 않아서 DNA가 사슬 두 개로 이루어진 **이중 나선**이어야 한다고 확신했어. 유전자와 염색체가 늘 쌍으로 존재하고 세포도 두 배씩 늘어나니까, 사슬 두 개로 이루어진 모델이 더 잘 맞는다고 생각한 거지.

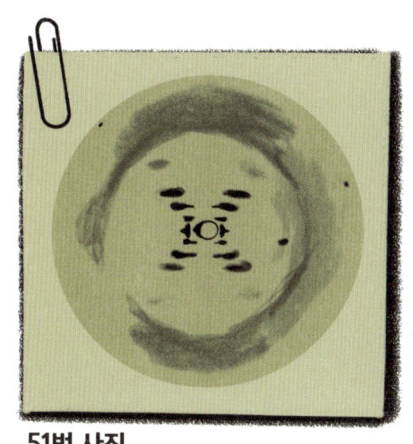
51번 사진

왓슨과 크릭은 바로 DNA 모델 만들기에 착수했어. 둘은 DNA를 구성하는 재료들이 어떻게 결합하는지 고민했어. 사슬이 당과 인산으로 이루어져 있다는 건 확실해 보였어. 그렇다면 네 염기는 어떻게 사슬에 연결되어 있을까? 사슬이 안쪽에 있고 염기들이 바깥쪽에 붙어 있을까? 아니면 그 반대일까? 염기들끼리는 어떻게 연결될까? 여러 시도를 한 끝에 왓슨은 아데닌-티민 쌍의 형태와 구아닌-시토신 쌍의 형태가 같다는 사실에 주목했어. 그렇다면 두 염기끼리만 늘 쌍을 이루는 게 아닐까. 그렇게 생각하자 갑자기 모든 게 확실해졌어. 사슬이 바깥쪽이고 염기가 안쪽이다. 그런 모습으로 두 사슬이 마주 보고 있다. 아데닌은 티민과 쌍을 이루고 구아닌은 시토신과 쌍을 이룬다. 염기들은 다른 방식으로는 결합하지 않는다. 샤가프가 염기 두 개의 양이 늘 같다는 걸 발견한 일 기억하지? 그 사실도 이 모델로 설명할 수 있었어. 모든 게 완벽하게 들어맞았어!

1953년 3월, 왓슨과 크릭은 마침내 DNA 구조의 수수께끼를 풀었어. **DNA 이중 나선**은 아주 길고 비비 꼬인 줄사다리 같은 모양이었어. 당과 인산으로 구성된 사슬이 바깥쪽 두 줄이고, 염기쌍들이 디딤대들인 셈이지.

결국 모든 생물의 설계도는 아주 간단한 네 가지 염기로 짠 코드였어. A(아데닌, Adenine), T(티민, Thymine), G(구아닌, Guanine), C(시토신, Cytosine), 이렇게 단 네 글자로 말이야! 이런 설계도가 모든 세포의 핵 속에 다 들어 있단다.

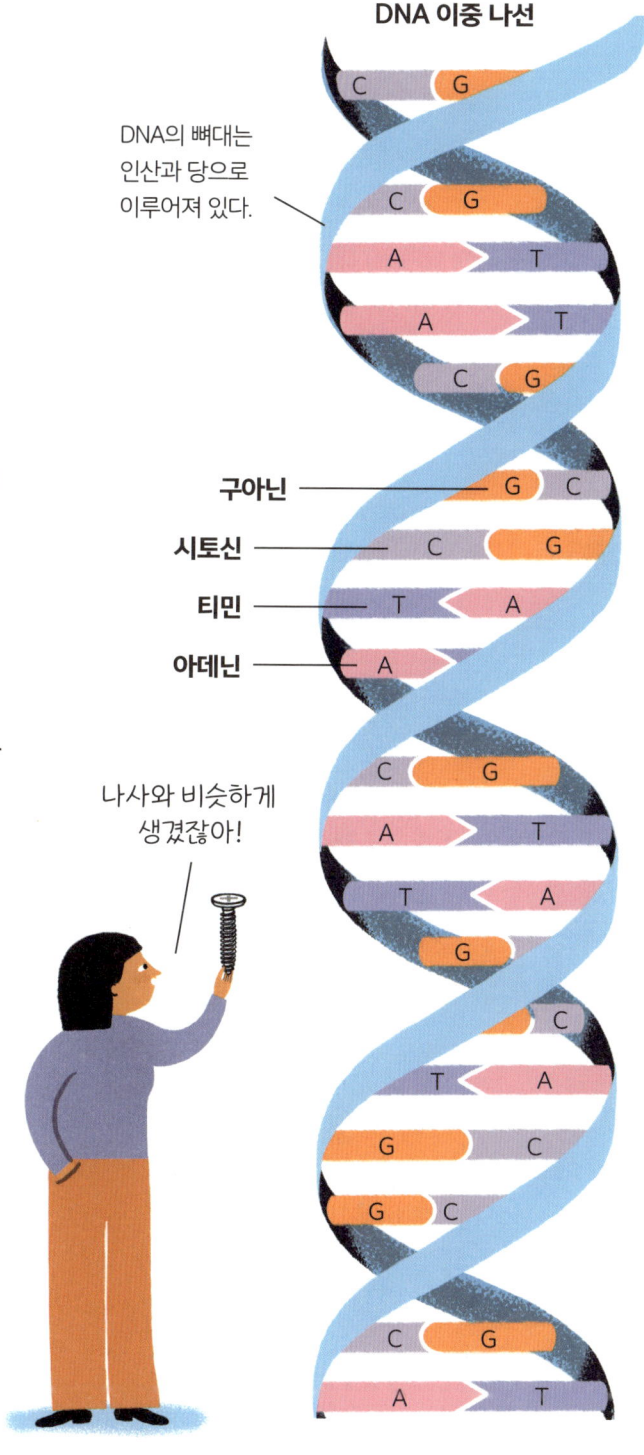

DNA 이중 나선

DNA의 뼈대는 인산과 당으로 이루어져 있다.

구아닌
시토신
티민
아데닌

나사와 비슷하게 생겼잖아!

지퍼처럼 열리는 DNA

왓슨과 크릭은 한 걸음 더 나아갔어. DNA 염기들이 쌍을 이루는 방식은 신기할 뿐만 아니라 주목할 만한 가치가 있는 거였어. 한쪽 사슬의 염기 배열을 알면, 나머지 한쪽의 염기 배열도 저절로 알 수 있어. 염기들의 특별한 결합 방식은 세포가 분열할 때 DNA가 복제되어 두 세포로 전달되는 비밀을 푸는 열쇠였지. 이건 아주 중요해. 왜냐하면 생명체가 자랄 때 한 세포가 분열하여 여러 세포가 되는데, 모든 세포에 똑같은 유전 정보가 들어 있어야 하거든.

DNA가 지퍼이고 염기가 지퍼의 이빨이라고 생각해 보자. 이제부터 DNA 하나를 두 개로 만들 거야. 먼저 지퍼를 열어야겠지. 그러면 DNA가 두 가닥으로 벌어지고 쌍을 이루어 있던 염기들이 서로 떨어져. 여기에다가 각 염기와 쌍을 이루는 염기를 하나씩 붙여서 새로운 가닥을 만들면, 짠! 두 가닥이 네 가닥이 되지! 이렇게 해서 DNA 이중 나선 하나가 두 개가 되었어. 이 과정을 복제라고 해. DNA가 복제되기 때문에 분열로 생긴 두 세포가 똑같은 DNA를 갖게 되는 거야.

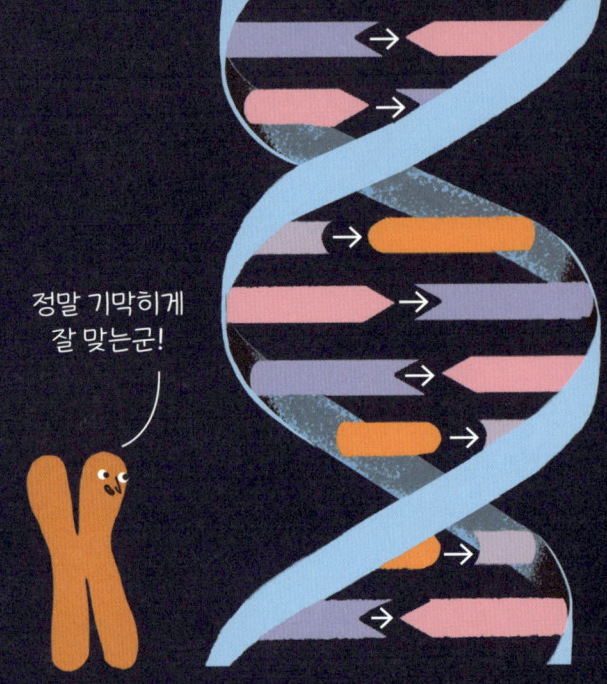

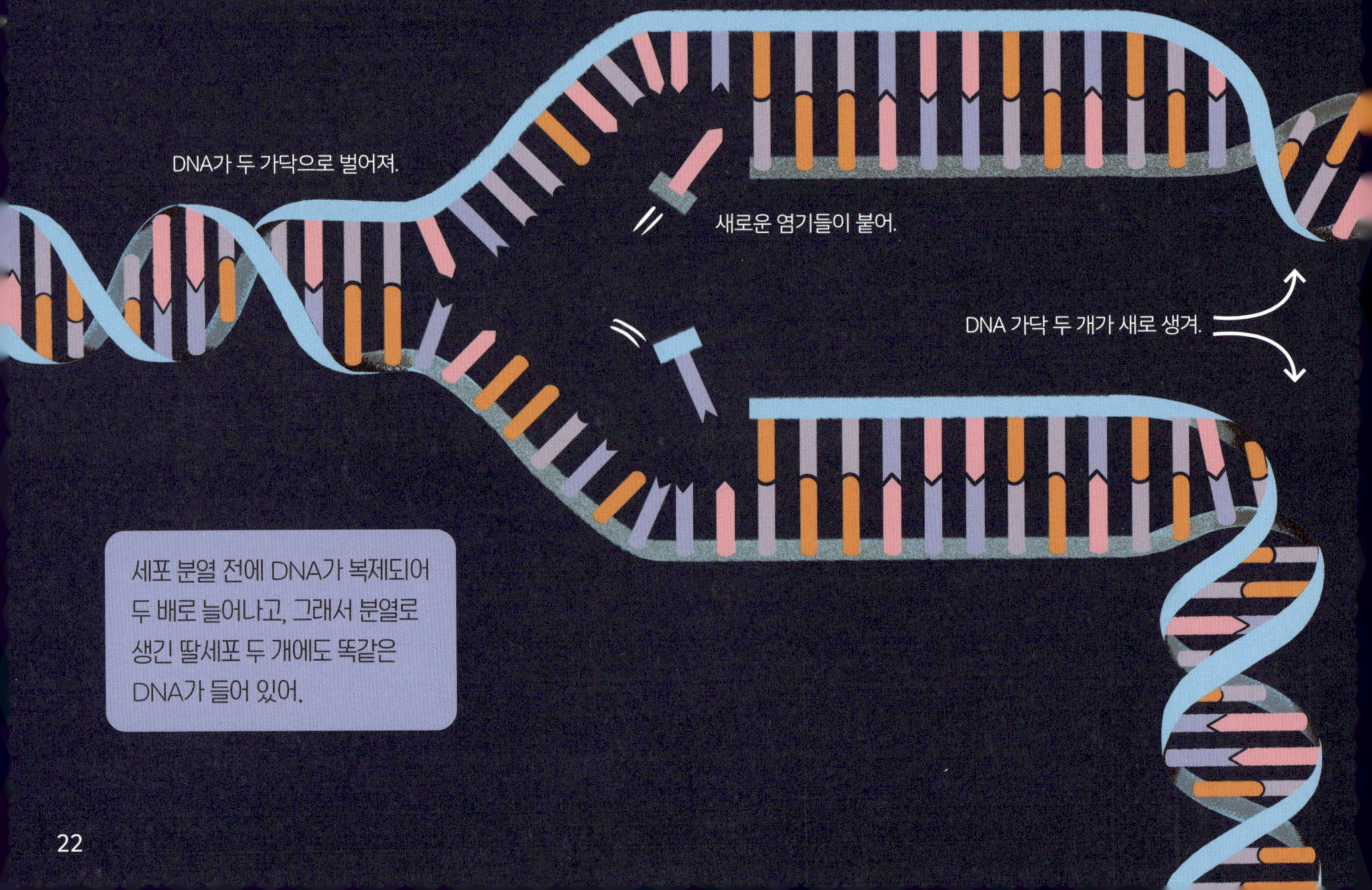

정말 기막히게 잘 맞는군!

DNA가 두 가닥으로 벌어져.

새로운 염기들이 붙어.

DNA 가닥 두 개가 새로 생겨.

세포 분열 전에 DNA가 복제되어 두 배로 늘어나고, 그래서 분열로 생긴 딸세포 두 개에도 똑같은 DNA가 들어 있어.

유전자 암호 해독

DNA에는 비밀 코드가 숨어 있어. 단 네 글자(염기)로 이루어진 코드지. 이 코드가, 예를 들어 우리 머리카락이 곱슬인지 아닌지, 눈동자가 초록색인지 파란색인지 아니면 갈색인지 결정하지. 심지어 우리한테 머리카락과 눈이 있는 것도 이 코드가 결정한 거야.
어떻게 하는 걸까? 이 코드가 "눈은 초록색!"이라고 말하면, 마법처럼 우리한테 초록색 눈이 생기는 걸까? DNA 코드가 도대체 어떻게 신체적 특징으로 바뀔까? **조지 비들**과 **에드워드 테이텀**도 캘리포니아의 스탠퍼드대학교 연구실에서 이 문제를 푸는 데 매달렸어. 그들은 1941년에 해답을 찾았지.
두 사람은 DNA 코드가 세포가 생산하는 단백질 종류를 결정한다는 걸 알아냈어.

왜 내 눈은 초록색이니?

그건 단백질이 하는 일이야!

그럼 단백질은 누구 명령을 듣는 거야?

유전자! 유전자는 DNA의 한 부분으로 이루어져 있지.

단백질은 우리 몸에서 매우 중요한 역할을 해. 우리 몸이 제 기능을 하려면, 세포들 안에서 수많은 화학 반응이 일어나야 해. 우리 몸을 화학 공장이라고 불러도 될 정도지. 단백질은 이 공장에서 화학 반응이 잘 일어나도록 해 주는 물질이야. 이런 단백질을 효소라고 해.
물질들이 효소와 결합하면 다른 물질로 바뀌지.
단백질은 다른 임무도 수행해. 단백질의 한 종류인 콜라겐은 인대, 힘줄, 물렁뼈, 뼈에 들어 있고 세포들을 지탱해 줘. 근육 세포에 들어 있는 액틴과 미오신 단백질은 우리가 움직일 수 있게 해 주지. 적혈구 속에 있는 붉은 혈색소도 단백질인데, 우리 몸의 모든 세포에 산소를 공급하는 일을 해. 우리 몸에 해를 끼치는 병원체에 맞서 싸우는 항체도 단백질이야. 단백질은 색소와 결합하여 눈이나 머리카락의 색깔을 결정해. 게다가 단백질은 세포들이 서로 소통할 수 있도록 하는 메신저 역할도 한단다. 이것도 정말 중요해! 생물은 보통 수십조 개의 세포로 이루어져 있잖아. 세포마다 기능과 역할이 있는데, 세포들끼리 협력하도록 돕는 거야. 이렇게 단백질이 하는 일은 아주 다양해.

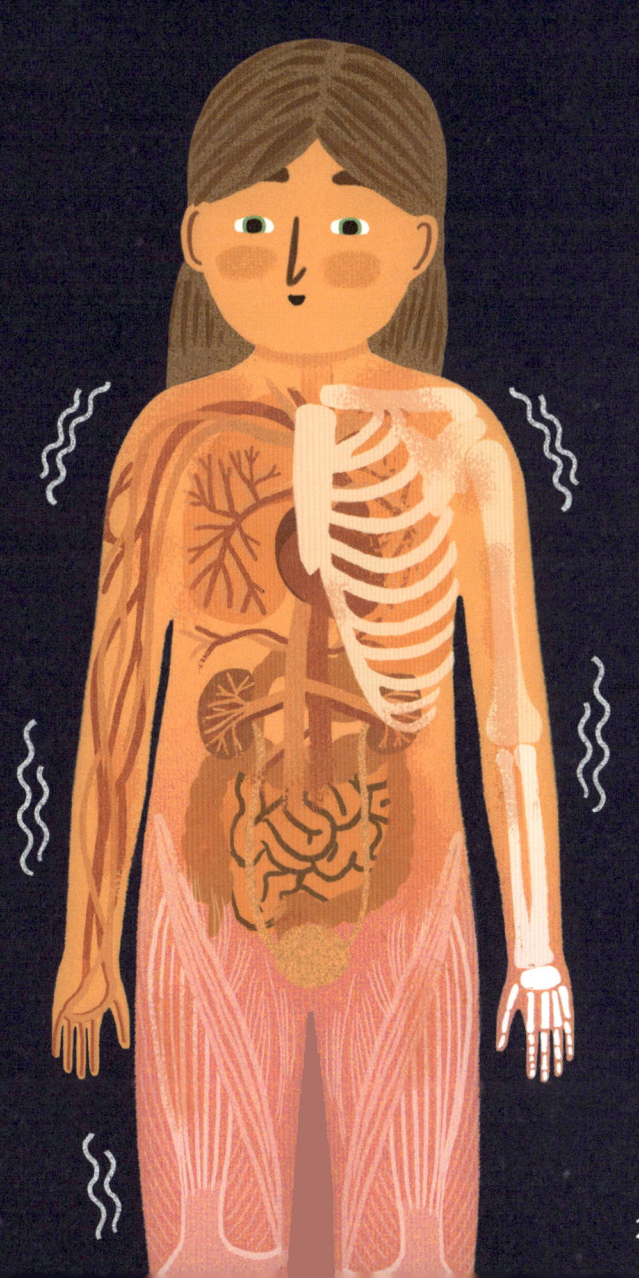
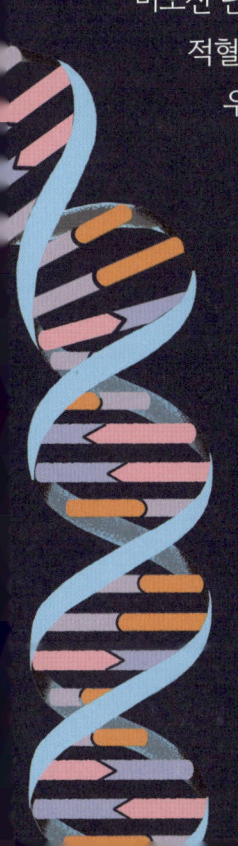

단백질은 **아미노산**이라는 작은 분자들로 이루어졌고, 긴 사슬 모양이야. 20가지 아미노산이 여러 방식으로 결합한 것이 단백질이지. 단백질 사슬은 다양한 방법으로 꼬이고 접혀서 아주 복잡한 모양이야. 단백질은 세포 속의 작은 단백질 공장에서 만들어져. 그 공장을 **리보솜**이라고 하지. 이 공장들은 세포핵 속이 아니라 핵을 둘러싼 액체 속에 있어. 그 액체를 세포질이라고 해.

그렇다면 단백질은 세포질에서 생산된다는 건데, 어떻게 세포핵 안에 있는 DNA 정보를 받는 걸까? 리보솜은 어떤 단백질을 만들어야 하는지 어떻게 알까?

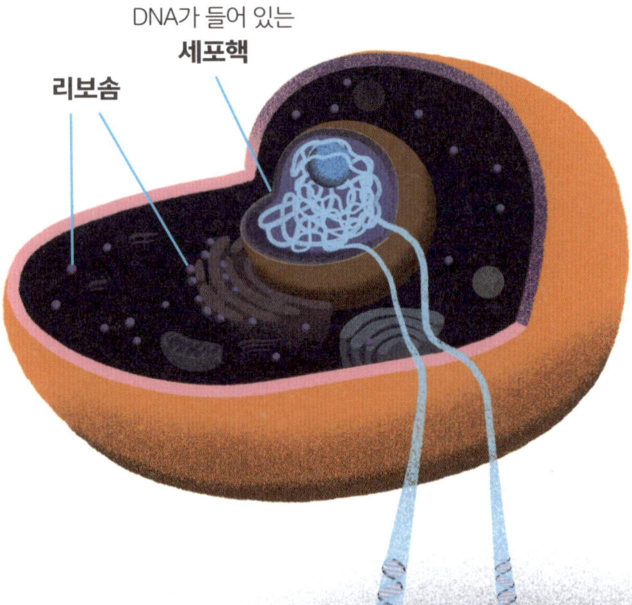

1960년, **프랑수아 자코브**와 **시드니 브레너**가 케임브리지에서 연구하다가 DNA와 매우 비슷한 RNA가 메신저 역할을 한다는 사실을 발견했어. 이 RNA를 **mRNA**라고 부르지. 어떤 단백질이 만들어지려면, 그 단백질에 대한 정보를 담고 있는 DNA의 부분을 복제해야 해. 그 복제본이 바로 mRNA야! mRNA가 복제되는 과정을 **전사**라고 하지.

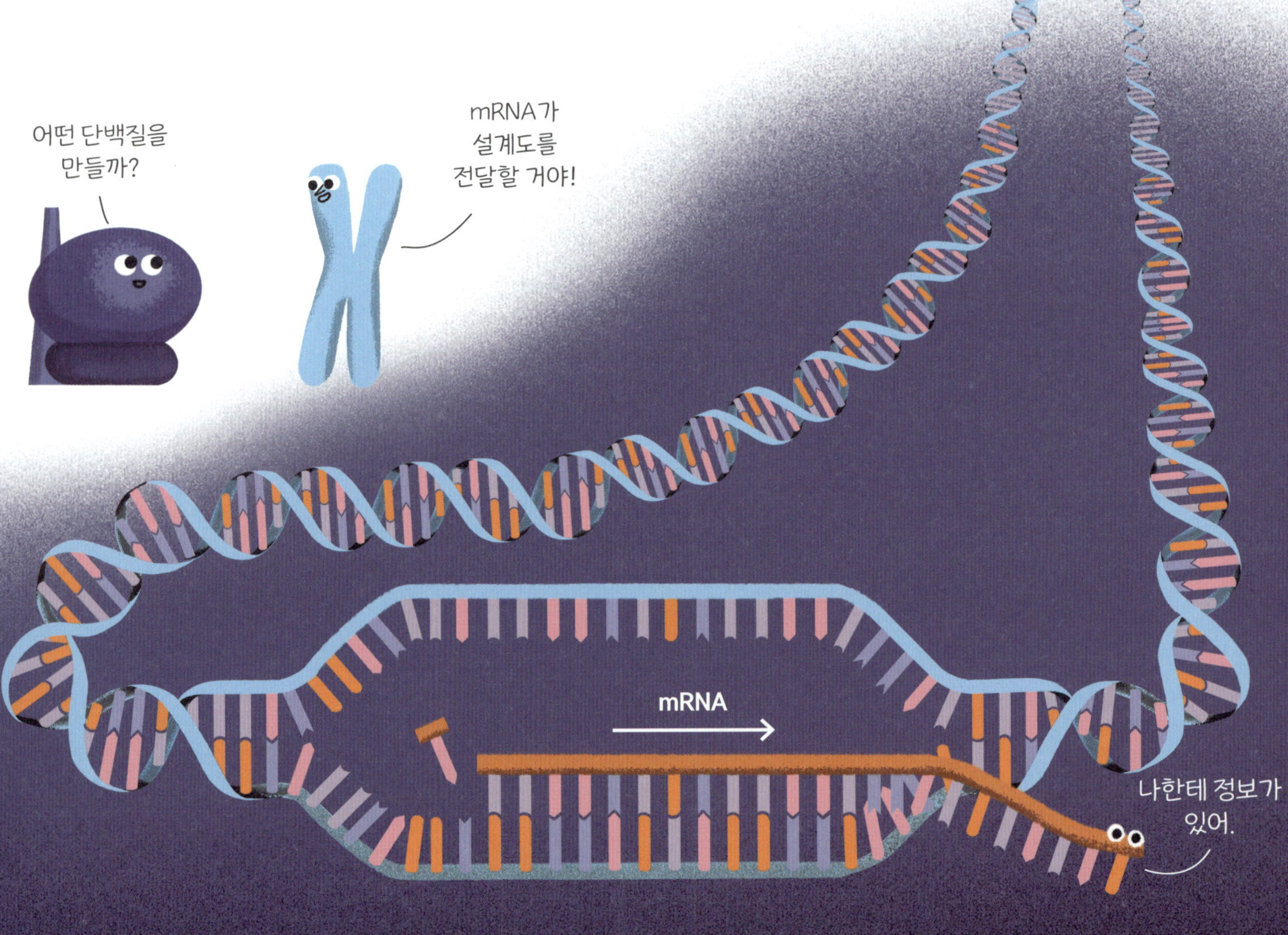

어떤 단백질을 만들까?

mRNA가 설계도를 전달할 거야!

나한테 정보가 있어.

mRNA는 세포핵 속에서 복제된 다음, 핵막을 통과해서 세포질 속에 있는 단백질 공장, 즉 리보솜으로 이동해.

리보솜은 mRNA가 전달한 정보로 단백질을 만들어. 어떻게 하는 걸까? 아미노산은 20종류가 있어. 각 아미노산과 어떤 글자가 짝을 이룬다고 생각해 봐. 그러면 글자들을 어떤 순서로 배열하느냐에 따라서 아미노산들이 결합하는 순서가 결정되잖아. 그 순서에 따라서 단백질 종류가 달라지지. 그런데 아미노산은 20종류나 되는데, DNA나 RNA의 글자(염기)는 네 개뿐이야! 어떡하지? 알고 봤더니 글자 세 개로 이루어진 코드가 아미노산 한 개에 대한 정보를 담고 있었어. 네 글자로 세 글자짜리 코드를 몇 가지나 만들 수 있을까? 64가지야. 세 글자 코드를 사용하면, 모든 아미노산을 얼마든지 지정할 수 있어!

리보솜한테 가야지!

mRNA

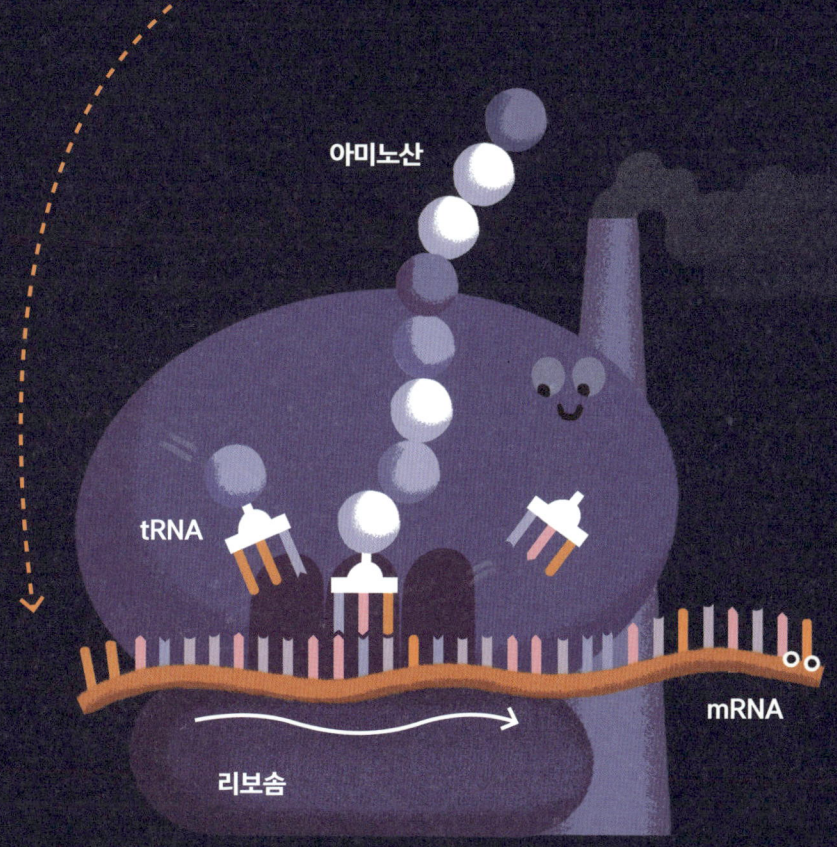

아미노산

tRNA

mRNA

리보솜

단백질 공장에서는 mRNA 코드의 도움을 받아 단백질을 생산해. 세 글자 코드마다 거기에 딱 맞는 어댑터인 **tRNA**가 하나씩 있어. tRNA는 한쪽에 자신한테 지정된 아미노산을 결합한 채로 반대쪽으로는 mRNA에 착 달라붙어. 리보솜이 mRNA를 시작부터 끝까지 읽는 동안, 아미노산들이 차례차례 연결되면서 단백질 사슬이 점점 길어지지.

단백질이 만들어지는 전체 과정을 **번역**이라고 해. 아주 적절한 표현이지. 이 과정에서 글자(염기) 코드가 아미노산으로 번역되니까 말이야.

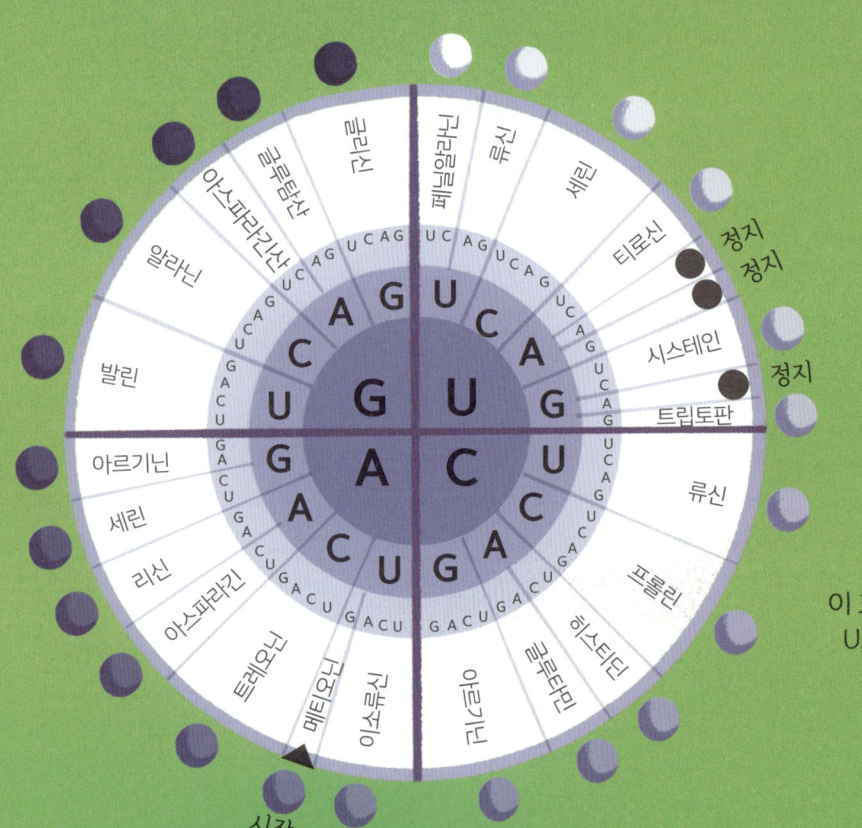

RNA 코돈표를 이용하면 너도 mRNA 코드를 번역할 수 있어. 언제나 세 글자가 아미노산 하나를 나타내. GCA라는 코드를 번역해 볼까? 가운데서 시작하는 거야. 먼저 글자 G를 찾아. 그다음에 바깥쪽으로 나가면서 C와 A를 차례대로 찾아. 찾았니? 코드 GCA는 알라닌이라는 아미노산을 나타내! 단백질이 합성될 때, mRNA에 GCA 코드가 있으면, 리보솜에서는 알라닌이라는 아미노산을 단백질 사슬에 넣어.

이 코드들을 번역해 볼래? GUC, AGC, AUG, UAG는 각각 어떤 아미노산을 나타낼까? 답은 64쪽에 있어.

과학자들이 또 무엇을 발견했을까? 그들은 DNA의 네 글자(염기) 배열이 몸에서 생산하는 단백질 종류를 결정하고, 그렇게 생산된 단백질이 우리 특징을 결정한다는 걸 발견했어. 결국 DNA가 생명체가 어떤 구조를 지니고 어떤 기능을 하는지 지정해 주는 설계도인 셈이야. 네 염기 배열이 이 설계도를 쓰는 언어인 거고. 원숭이든 개미든 장미든 사람이든 모든 생물의 설계도는 다 이 언어로 쓰였어. 어느 생물이든 같은 코드를 쓰는 거지! 그래서 이 코드를 **생명의 코드**라고도 부른단다.

아미노산이 단백질을 구성하는 기본 재료야.
단백질은 세포 안에서 여러 가지 임무를 수행해. 단백질은 아미노산으로 이루어진 긴 사슬 모양이야.
단백질이 만들어질 때, 세포핵 안에서 그 단백질에 대한 정보를 담은 DNA의 한 부분이 복제되는데(**전사**), 그게 mRNA야.
mRNA는 세포핵에서 나와 리보솜(단백질 공장)으로 이동해. 글자(염기)들의 배열에 따라서 리보솜에서 단백질이 만들어져(**번역**). 유전자 코드는 DNA 글자(염기) 배열로 이루어진 단백질에 대한 암호야. 세 글자(염기) 조합이 한 가지 아미노산을 나타내. 모든 생물이 똑같은 유전자 코드를 사용해.

세포핵 속에 꽁꽁

인간 염색체 46개를 잘 풀어서 모든 DNA를 한 줄로 늘어놓으면, 그 길이가 2미터쯤 돼. 그렇게 긴 DNA가 압축되어 세포핵 속에 들어 있는 거지. 그런데 세포핵의 지름은 100분의 1밀리미터 정도야. 어떻게 이게 가능할까? 한번 생각해 봐. 야구공 크기의 실뭉치에 감겨 있는 실은 엄청나게 길잖아. 세포 속 DNA도 그와 비슷한 상태로 있어.

DNA는 세포핵 속에서 자유롭게 헤엄치지 않고 실패 같은 둥그런 단백질에 감겨 있어. 이 단백질을 **히스톤**이라고 하지. 히스톤 단백질 덕분에 DNA 가닥들이 서로 엉키지 않고 질서 있게 세포핵 속에 자리를 잡고 있는 거야. 히스톤은 DNA의 어떤 부분을 RNA로 복제할지 조정하는 역할도 하지.

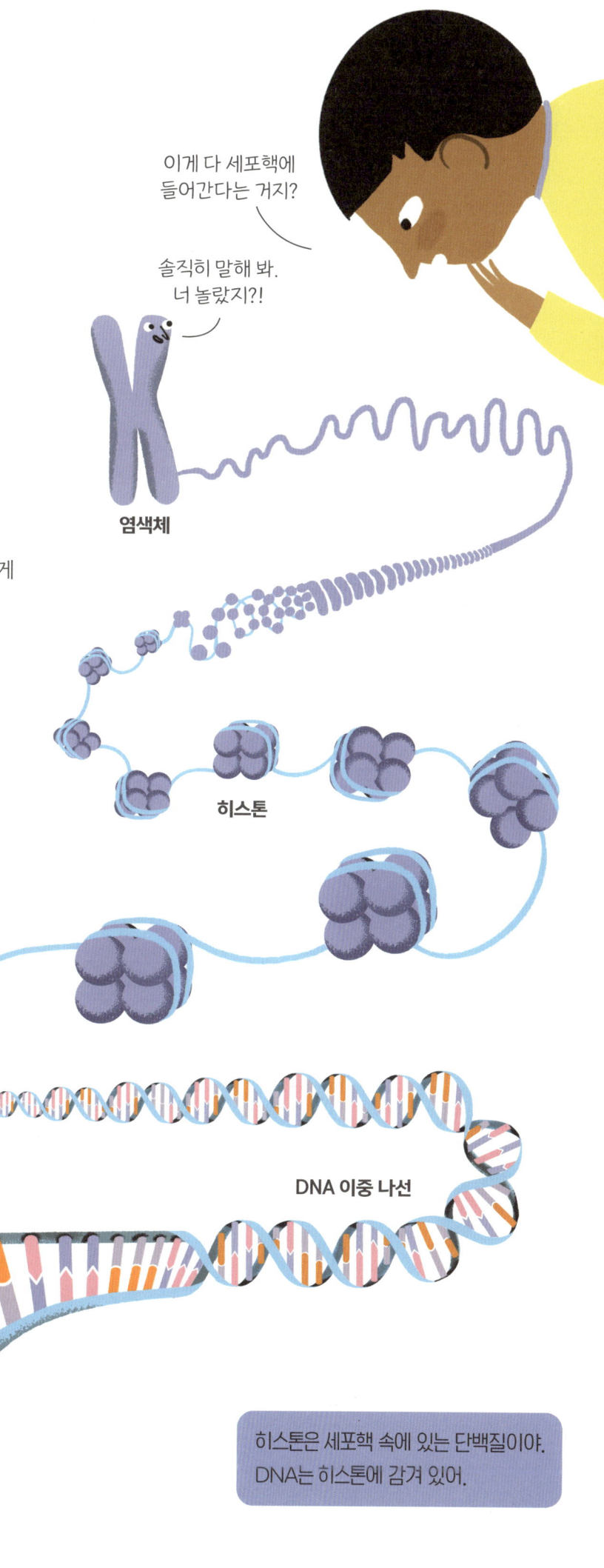

히스톤은 세포핵 속에 있는 단백질이야. DNA는 히스톤에 감겨 있어.

앗, 실수다!

실수해 본 적 있니? 누구나 가끔은 실수를 저질러. 세포가 분열할 때 DNA를 복제하는 단백질인 DNA 중합 효소도 가끔 실수로 틀린 염기를 끼워 넣어. 염기 1억 개에 하나꼴로 이런 일이 일어나. 세포 하나에 약 30억 개의 염기가 있으니까 30번쯤 실수를 하는 거지. 보통은 수리 단백질이 이런 실수를 알아내서 틀린 염기를 제거하고 맞는 염기로 갈아 끼우지. 그런데 아주 가끔 수리 기능이 제대로 작동하지 않아서 틀린 염기가 세포의 DNA에 그대로 남기도 해. 이렇게 염기가 우연히 바뀌는 것을 **돌연변이**라고 해. 돌연변이는 대개 아무 효과도 없지만, 드물게 질병을 일으키기도 해. 암은 DNA에서 일어난 돌연변이가 일으키는 심각한 질병이야. DNA 돌연변이가 축적되다 보면, 어느 순간 세포가 혼동을 일으켜 마구잡이로 분열하기 시작해. 그렇게 해서 암이 생기는데, 암은 몸 전체로 퍼질 수도 있어. 안타깝게도 해마다 많은 사람이 암으로 목숨을 잃어.

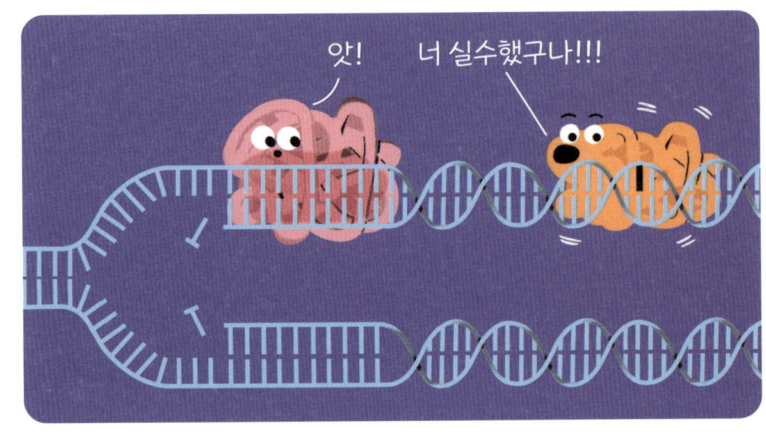

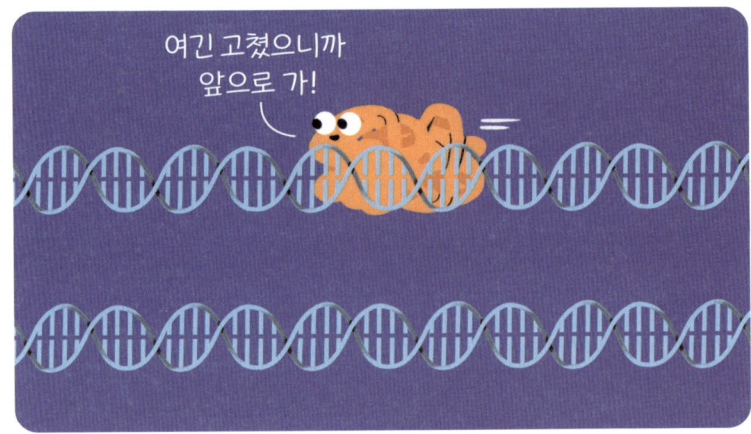

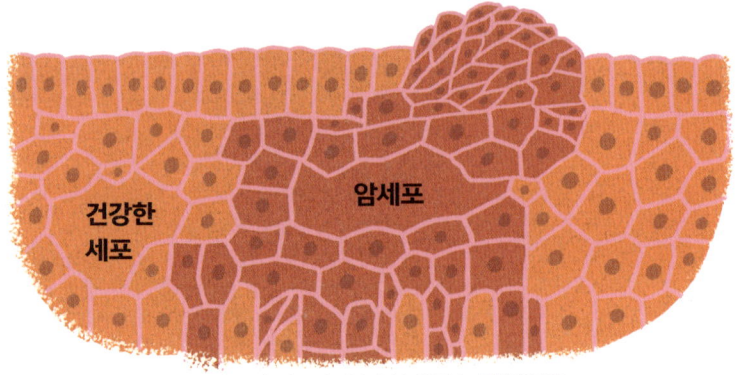

암은 세포가 마구 늘어나서 생기는 질병이야.

환경이 암을 일으킬 수도 있어. 햇빛은 떠올리기만 해도 따뜻한 기분이 들어. 하지만 햇빛의 자외선은 위험해. 자외선이 네 피부 세포의 DNA에 손상을 입힐 수 있는데, 그러면 돌연변이가 일어나고, 그것 때문에 피부암에 걸릴 수 있어. 그러니까 선크림을 잘 발라서 자외선으로부터 피부를 보호해야 해.

만약 어떤 동물의 체세포에서 돌연변이가 일어나면, 그 동물만 돌연변이의 영향을 받아. 하지만 생식 세포에서 돌연변이가 일어나면, 그 변화가 부모에게서 자식에게로 전달되고, 그 자식이 낳은 자식한테 또다시 전달돼. 이런 방식으로 일부 돌연변이는 **유전병**을 일으키지.

낫 적혈구병은 DNA에서 단 한 염기만 바뀌어도 심각한 유전병이 생길 수 있다는 걸 보여 주는 좋은 예야. DNA에 붉은 혈색소 생산을 담당하는 유전자가 있는데, 그 안에서 염기 A(아데닌)가 들어갈 자리에 염기 T(티민)가 잘못 들어가면 이 병이 생겨. 적혈구는 혈관을 타고 우리 몸 곳곳을 돌아다니는데, 적혈구의 붉은 혈색소가 산소를 나르는 일을 담당하지. 이건 아주 중요한 일이야. 우리 몸의 모든 세포는 산소가 있어야 살 수 있거든. 낫 적혈구병을 앓는 사람은 DNA 염기 서열에 GAC 대신에 GTC가 들어가 있어. 그 결과로 세포가 글루탐산 대신 발린이라는 아미노산을 생산하지.

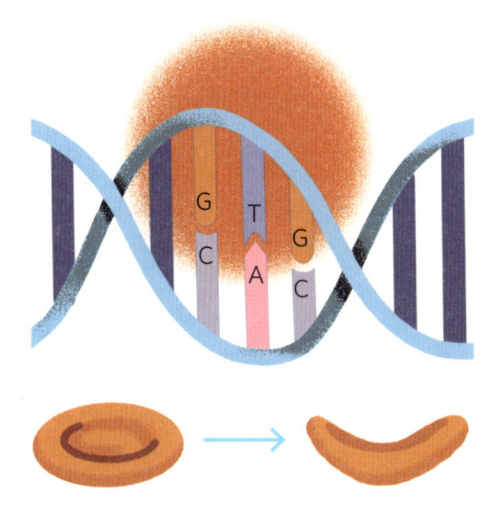

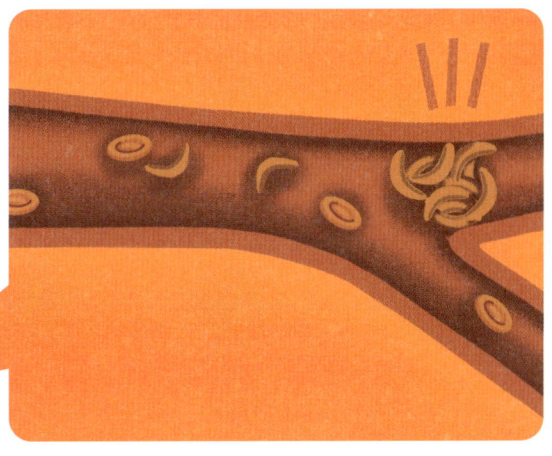

이 작은 오류가 붉은 혈색소에 이상을 일으키는데, 그러면 원반 모양이어야 할 적혈구가 낫 모양이 돼. 낫 모양 적혈구는 더 빨리 파괴돼. 게다가 유연하지 않아서 좁은 혈관을 지나가지 못해. 결국 적혈구들이 혈관 입구에 뭉쳐서 작은 덩어리가 되지. 그러면 우리 몸의 여러 기관이 산소를 충분히 공급받지 못하고 환자는 심한 통증을 느껴. 산소 부족으로 여러 기관이 망가질 수도 있어서 이 병에 걸린 아이들이 아주 어린 나이에 죽기도 해.

> **돌연변이**는 DNA 염기 서열에 변화가 생기는 거야. 아무런 외부 요인이 없어도 자연히 생기기도 하고, 화학물질이나 높은 에너지 복사(방사선, 자외선 등)의 영향으로 발생하기도 하지. 생식 세포에서 일어난 돌연변이는 자녀에게 유전돼. 유전된 돌연변이가 유전병을 일으키기도 해.

하나에서 여럿으로

지금까지 한 이야기를 들으면 돌연변이가 피해만 입히는 것 같지? 하지만 돌연변이가 나쁘지만은 않아. 사실은 그 반대야! 지구 생명이 이렇게 다양해진 게 돌연변이 덕분이거든.

게다가 **진화**도 돌연변이와 깊은 관계가 있어. 진화는 또 뭐냐고? 그 이야기를 하려면 역사를 거슬러 올라가야 해. 멘델이 완두콩 실험을 하던 때를 좀 지나서 **찰스 다윈**이라는 과학자를 만나러 가 볼까?

다윈은 1831년부터 1836년까지 비글호라는 배를 타고 주로 남아메리카를 탐험했어. 탐험하는 내내 식물과 동물을 자세히 관찰하고, 관찰한 결과를 바탕으로 이론을 하나 세웠어. 지구에 이렇게 다양한 생물이 살게 된 원리를 밝히는 이론이었지. 1859년, 다윈은 『종의 기원』이라는 책을 냈어. 그 책에서 다윈은 모든 생물은 한 공통 조상의 후손이며, 그 공통 조상으로부터 모든 생물이 갈라져 나왔다고 주장했어. 그 과정을 가리키는 말이 진화야. 생물의 형질에는 가끔 **변이**가 나타나. 새로 나타난 변이가 생존에 유리할 때도 있지. 예를 들어서 가뭄이 들면, 적은 물로 살 수 있는 동물이 유리해. 그 동물은 살아남아서 자기 유전자를 자손에게 전달하지. 반대로 홍수가 나면, 헤엄을 잘 치는 동물이 유리해. 환경에 변화가 일어나면, 그 변화에 유리한 변이는 보존되고 불리한 변이는 사라져. 자연이 새로운 환경에 적합한 변이를 선택하는 거지. 이런 식으로 생물은 여러 세대를 거치면서 진화해. 다윈은 생물이 진화하는 과정이 자꾸만 새 가지를 뻗는 **생명의 나무** 같다고 생각했어.

형질 변이가 돌연변이 때문에 일어난다는 건 나중에 밝혀졌어. 돌연변이가 **유전자 다양성**을 증가시키는 거지. 생물은 유전자 다양성이 있어야 변화하는 환경 조건에 적응할 수 있어. 반대로 다양한 변이가 일어나지 않으면 적응 능력이 낮아서 생존에 위협을 받게 되지. 이건 다른 생물뿐만 아니라 우리 인간에게도 적용되는 근본적인 자연법칙이야.

앞에서 이야기했던 낫 적혈구병이 인간 진화의 좋은 예야. 낫 적혈구병은 심각한 병이지만, 아버지와 어머니로부터 받은 두 염색체에 모두 돌연변이가 있어야만 이 병에 걸려. 다시 말해서 이상이 있는 유전자 두 벌을 물려받은 사람만 병에 걸리는 거지.

한쪽 염색체에만 돌연변이 유전자가 있는 사람은 보통은 증상이 없어. 이 돌연변이에는 긍정적인 효과도 있어. 말라리아라는 심각한 질병을 막아 줘. 이 질병은 말라리아 병원충이라는 작은 병원체가 일으키는데, 말라리아모기가 옮겨. 해마다 말라리아로 수백만 명이 목숨을 잃는단다.

말라리아 발생 지역

낫 적혈구병 발생 지역

아프리카의 여러 나라처럼, 말라리아모기가 많은 지역에서는, 이 돌연변이를 지닌 사람들이 생존에 매우 유리해. 그래서 오랜 기간에 걸쳐서 이 돌연변이가 널리 퍼졌고, 그 결과 이 지역에 사는 많은 사람이 이 돌연변이를 지니고 있지. 반면에 말라리아모기가 살지 않는 지역에서는 이 돌연변이를 지닌 사람이 매우 드물어. 그런 지역에서는 이 돌연변이를 지니는 게 전혀 유리하지 않기 때문이야.

진화는 DNA의 우연한 변화(돌연변이)와 자연 선택으로 새로운 종이 출현하는 걸 설명하는 과학 이론이야.

우리는 유전자의 포로?

우리 생김새에 대한 정보가 DNA에 확실히 새겨져 있다는 사실은 이미 밝혀졌어. 그렇다면 우리 행동, 개성, 지능, 관심도 그럴까? 우리가 어떤 병을 앓고 얼마나 오래 살지도 정해져 있을까? 이 모든 걸 유전자가 결정하는 걸까? 아니면 환경이나 생활 습관에 달려 있는 문제일까? 우리 미래는 유전자 설계도에 이미 쓰여 있을까? 아니면 우리가 스스로 결정하는 걸까?

이거 놀라운데!

1979년, 행동 심리학자인 **토머스 부샤드**는 우연히 지방 신문에 실린 흥미로운 기사를 읽게 되었어. 일란성 쌍둥이가 태어나자마자 헤어졌다가 30년이 지난 뒤에야 다시 만났다는 내용이었어. 이상하게도 둘 사이에는 일치하는 점이 꽤 많았어. 둘 다 이름이 린다인 여자와 결혼했어. 둘 다 아들이 있었는데 한 아이의 이름은 제임스 앨런(Alan)이었고, 다른 아이도 제임스 앨런(Allan)이었지. 개 이름도 똑같이 토이라고 지었어. 둘 다 줄담배를 피웠는데, 담배 종류가 같았어. 야구를 싫어하는 것까지 똑같았지. 둘 다 목공을 좋아해서 앞마당에 서 있는 나무를 빙 둘러싸는 벤치를 만들었어. 이 모든 게 순전히 우연이 겹친 걸까, 아니면 유전자의 비밀스러운 힘이 작용한 결과일까?

부샤드는 쌍둥이 연구를 시작했어. 신문 기사에 나온 두 사람처럼 출생 직후에 헤어졌다가 오랜 시간이 지난 뒤에 만난 **일란성 쌍둥이**를 찾는 연구였지. 이런 사례를 연구하면, 유전자의 영향력을 쉽게 조사할 수 있어. 왜냐하면 일란성 쌍둥이는 유전자가 같은데, 둘이 떨어져서 살면 서로 다른 환경의 영향을 경험하기 때문이지. 신체와 심리 테스트를 했는데, 쌍둥이 사이에 같은 점이 있다면 그건 환경의 영향이 아니라 DNA가 원인이라고 볼 수 있지. 부샤드는 헤어지지 않은 일란성 쌍둥이, 즉 같은 환경의 영향을 받은 쌍둥이도 조사해서 두 결과를 비교했어.

부샤드가 100쌍이 넘는 쌍둥이를 조사했는데 결과가 놀라웠어. 예상했던 대로 신체적 특징은 아주 비슷했어. 게다가 지능, 성품, 좋아하는 것, 행동, 개인적 태도, 기질도 꽤 비슷했단다. 때로는 아주 사소한 것까지 서로 닮았어. 똑같이 크게 웃고, 똑같이 목소리가 아주 낮았고, 똑같이 이상한 유머 감각을 지녔고, 똑같은 방식으로 앉거나 움직였고, 같은 음악을 좋아했고, 같은 책을 읽었고, 패션 스타일이 엉뚱한 것까지 닮기도 했지. 심지어 같은 것을 두려워하고 같은 악몽을 꾸는 쌍둥이도 있었어. 매혹적이면서도 신기한 결과였어. 이런 특징들에는 유전자가 강력한 영향을 미친다는 게 확실해 보였어. 부샤드와 동료 연구자들은 성품과 행동 특성의 반쯤은 유전자가 결정하고 나머지 반은 환경이 결정한다는 걸 발견했어. 지능은 대체로 서로 비슷한 편이었어. 이 영역에서는 유전자의 영향력이 훨씬 크다는 뜻이었지.

과학자들은 우리의 성격과 행동을 담당하는 유전자를 찾는 연구를 했어. 예를 들어 볼게. 과학자들은 호기심이 많거나 모험을 즐기는 행동과 관련이 있는 특별한 유전자를 찾아냈어. 이 유전자에 '모험 유전자' 또는 '롤러코스터 유전자'라는 별명을 붙였어. 하지만 모험심이 강한 사람들이 모두 이 유전자를 지니고 있지는 않아. 또 이 유전자를 지닌 사람들이 모두 호기심이 많거나 위험을 무릅쓰는 것도 아니지. 유전자 하나가 호기심이나 소심함을 결정하는 건 아니야. 이런 복잡한 성격 특징은 개별 유전자가 아니라 여러 유전자가 함께 작용한 결과로 나타나. 게다가 환경의 영향도 성격 특징이 발달하는 데 큰 역할을 하지. 고혈압, 당뇨, 암 같은 질병도 마찬가지야. 여러 유전자가 함께 작용하고 거기에 환경의 영향이 결합해 최종적으로 병이 생길지 말지가 결정되는 거야.

==성격과 행동은 반은 유전자가, 또 반은 환경이 결정해. 복합적인 특징은 여러 유전자가 함께 작용한 결과야.==

가족의 유전자는 얼마나 같을까?

유전자는 우리 성격과 행동에 꽤 큰 영향을 미쳐.
우리 유전자는 부모로부터 물려받은 거야.
반은 아빠에게서 또 반은 엄마에게서 받았지.
그럼 할머니와 할아버지한테서는 얼마나 많은
유전자를 받았을까?

일란성 쌍둥이 100% 공통 유전자

또 형제자매, 삼촌, 이모의 유전자와
우리 유전자는 얼마나 같을까?
여기서 확인해 봐.

형제자매 또는 이란성 쌍둥이
약 50% 공통 유전자

고모 또는 이모
약 25% 공통 유전자

부모 자식 관계
약 50% 공통 유전자

삼촌 또는 외삼촌
약 25% 공통 유전자

사촌과 사촌 사이
약 12.5% 공통 유전자

조부모와 손주 사이
약 25% 공통 유전자

엄마 또는 아빠가 다른 형제자매 약 25% 공통 유전자

입양한 부모와 자식 0% 공통 유전자

인간 유전자 지도

과학자 **월터 길버트**와 **프레드 생어**는 이미 1977년에 DNA의 글자(염기) 배열을 확인하는 기술을 개발했어. 따로따로 한 일이었지. DNA 염기가 배열된 순서를 읽는 것을 DNA 서열 결정이라고 하는데, 처음에는 DNA의 짧은 부분들만 읽을 수 있었어. 그러다가 이런 생각을 하게 되었지. '인간 설계도 전체, 그러니까 DNA 전체의 염기 배열을 읽을 수 있다면, 무슨 일이 생길까?' 그건 아주 매력적인 아이디어였어. 우리 인간을 지금 모습으로 만든 모든 정보가 DNA에 들어 있으니까. 우리는 어떻게 이런 모습이 되었을까? 우리는 왜 이렇게 행동할까? 우리는 어떻게 생각할까? 우리는 왜 늙을까? 우리가 왜 병에 걸릴까? 이 모든 질문에 대한 답을 DNA에서 찾을 수 있지 않을까?

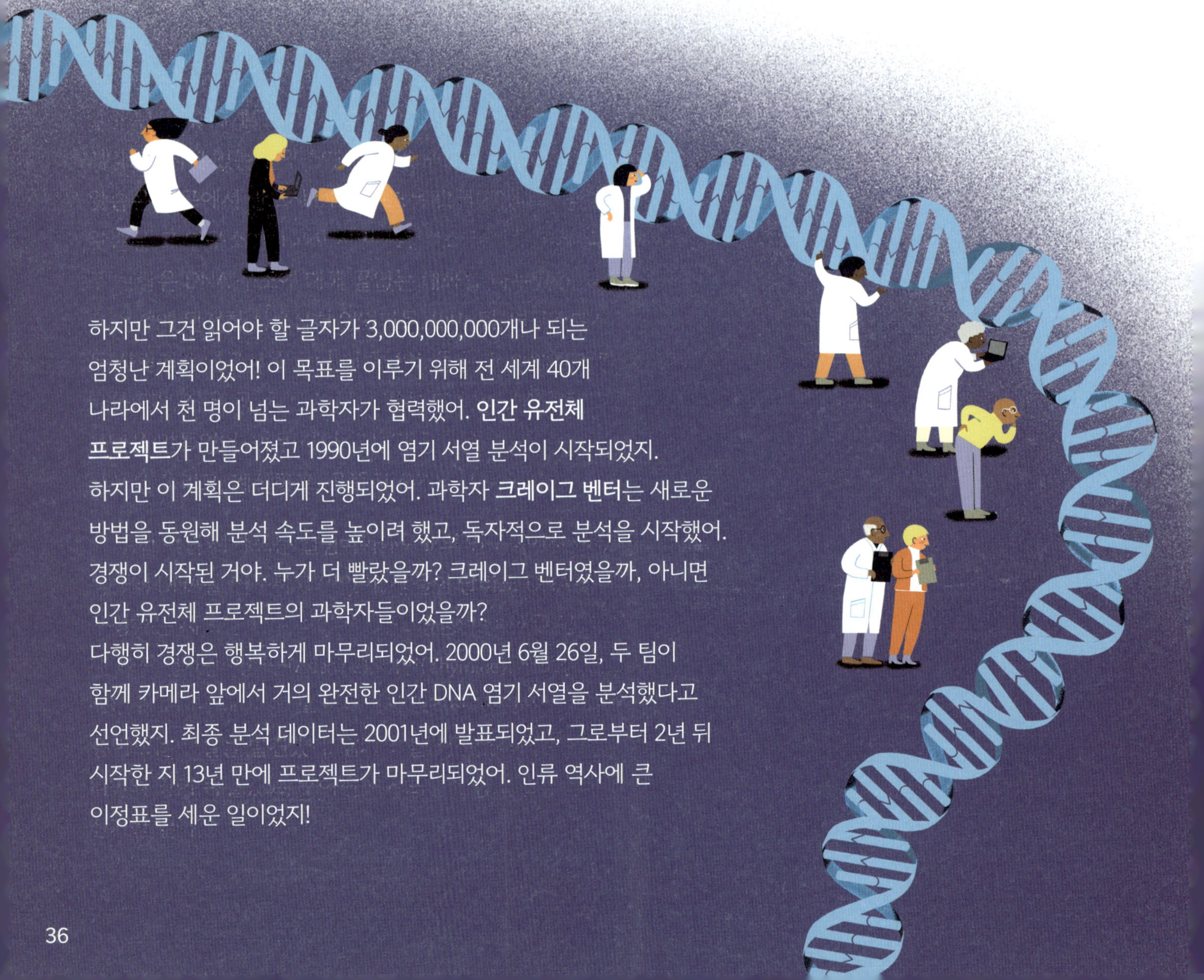

하지만 그건 읽어야 할 글자가 3,000,000,000개나 되는 엄청난 계획이었어! 이 목표를 이루기 위해 전 세계 40개 나라에서 천 명이 넘는 과학자가 협력했어. **인간 유전체 프로젝트**가 만들어졌고 1990년에 염기 서열 분석이 시작되었지. 하지만 이 계획은 더디게 진행되었어. 과학자 **크레이그 벤터**는 새로운 방법을 동원해 분석 속도를 높이려 했고, 독자적으로 분석을 시작했어. 경쟁이 시작된 거야. 누가 더 빨랐을까? 크레이그 벤터였을까, 아니면 인간 유전체 프로젝트의 과학자들이었을까? 다행히 경쟁은 행복하게 마무리되었어. 2000년 6월 26일, 두 팀이 함께 카메라 앞에서 거의 완전한 인간 DNA 염기 서열을 분석했다고 선언했지. 최종 분석 데이터는 2001년에 발표되었고, 그로부터 2년 뒤 시작한 지 13년 만에 프로젝트가 마무리되었어. 인류 역사에 큰 이정표를 세운 일이었지!

그럼 이제 우리 인간에 대한 비밀이 모두 풀린 걸까? 사실 결과는 매우 놀랍기도 하고 실망스럽기도 했어. 인간 유전자는 20,000~25,000개였어. 파리나 지렁이보다 조금 더 많은 정도였지. 어떻게 그럴 수가 있을까? 사람이 훨씬 더 복잡한데 말이야. 게다가 사람한테는 정신적 능력도 있잖아? 어떻게 이렇게 적은 유전자에 사람에 대한 정보가 모두 들어갈 수 있는 걸까? 아무튼 전체 DNA의 약 1%만이 유전자로 이루어져 있었어.

그럼 나머지 부분은 단백질을 만드는 데 쓰이지 않는다는 건가? 처음에는 과학자들도 이 부분을 정크 DNA라고 불렀어. 정크(junk)는 쓰레기를 의미하는 영어 단어야. 정말 나머지, 즉 DNA의 99%는 쓰레기 데이터일까?

염기 서열 분석으로 엄청난 정보를 얻는 데 성공했지만, 그 정보는 예상했던 것보다 더 복잡했어. 이제 과학자들은 글자 하나하나를 읽을 수 있게 되었지만, 그 글자로 이루어진 단어와 문장의 뜻은 여전히 이해하지 못했어.

결국 인간 유전체 프로젝트가 끝나자마자 **DNA 구성 요소 백과사전, ENCODE**라는 새 프로젝트가 시작됐어. 이 프로젝트의 목표는 개별 유전자의 기능과 여러 유전자가 함께 작용하는 방식을 연구하는 거였어.

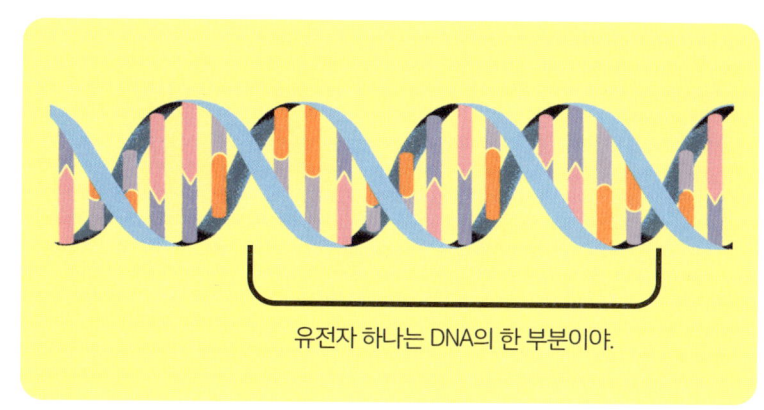

유전자 하나는 DNA의 한 부분이야.

이게 말이 되니? 너랑 나랑 유전자 개수는 비슷하대.

과학자들은 쓰레기로 여겼던 부분의 많은 영역이 RNA 생산을 책임지고 있다는 걸 발견했어. 이 RNA는 네가 이미 알고 있는 mRNA와 tRNA와는 다른 종류야. 이 RNA는 어떤 유전자에는 단백질을 생산하라는 명령을, 또 다른 유전자에는 생산하지 말라는 명령을 내려. 한 생물이 얼마나 복잡한지는 단지 유전자 수가 아니라 유전자를 끄거나 켜는 조절 기능에 달려 있었던 거지. 과학자들은 다른 사실도 발견했어. DNA와 둥그런 모양인 히스톤 단백질에 낯선 분자가 붙어 있었어. 이 분자들을 부속 구조라고 하는데, 어떤 곳에는 많이, 또 어떤 곳에는 적게 붙어 있었지. 얼마 뒤에 부속 구조가 중요한 역할을 한다는 게 밝혀졌어.

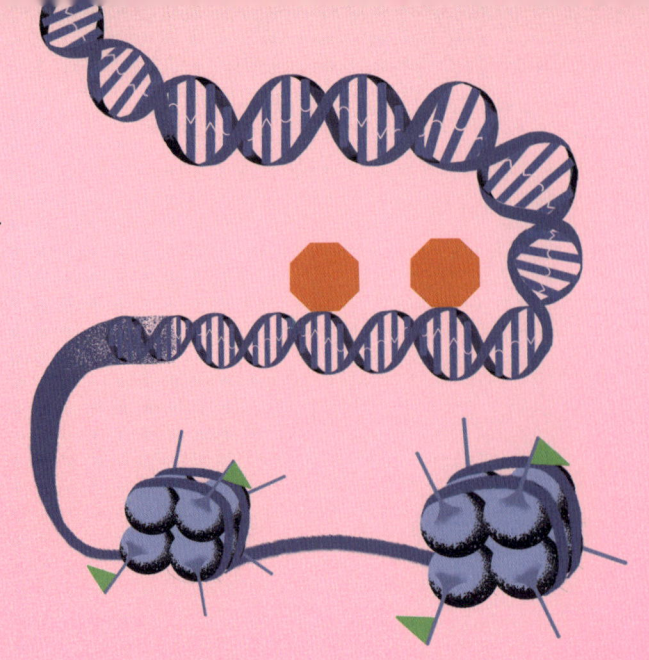

혹시 이런 질문을 한 적이 있지 않니? 우리 몸을 이루는 모든 세포의 세포핵에는 똑같은 DNA가 들어 있는데, 어떻게 세포들의 모습이 제각각이고 서로 다른 일을 하는 거지? 세포들이 자기가 할 일을 아는 건 굉장히 중요해. 왜냐하면 만약 피부 세포가 근육 세포에 필요한 단백질을 생산하면, 큰 혼란이 벌어지기 때문이지.

부속 구조가 그런 일이 벌어지지 않도록 막아 줘. 부속 구조는 어떤 유전자를 켜고 끌지 표시하는 역할을 해. 다시 말해서 세포가 어떤 단백질을 생산하고, 어떤 단백질을 생산하지 말아야 하는지 지정하지. 부속 구조는 세포가 분열할 때도 사라지지 않아. 분열로 생긴 딸세포들도 모세포와 똑같은 지점에 똑같은 부속 구조를 지니고 있지. 결국 피부 세포가 자기 일을 제대로 하는 것이나 피부 세포가 분열하여 또 다른 피부 세포가 되는 것도 부속 구조 덕분이야. 부속 구조가 **세포들의 기억**인 셈이지. 부속 구조가 붙는 장소와 양에 강력한 영향을 미치는 건 환경이야. 게다가 부속 구조는 떨어져 나갈 수도 있어. 그래서 세포가 환경 조건의 변화에 꽤 유연하게 반응할 수 있는 거지. 우리 습관은 다양해. 집에 있는 게 편안한 사람도 있고, 학교가 좋은 사람도 있지. 어떤 사람은 운동을 좋아하고, 어떤 사람은 음악을 사랑해. 아예 취미가 없는 사람도 있지. 이 모든 게 우리한테 영향을 끼치고 우리 안에 흔적을 남겨. 아주 오랫동안 어떻게 그렇게 되는지 알지 못했어. 하지만 이제 환경이 어떻게 우리에게 영향을 끼치는지, 어떻게 외부에서 유전자를 조절할 수 있는지 이해하기 시작했어. 외부 세계와 우리 유전자가 서로 연결되어 있었던 거야. 이제는 완전히 수준이 다른 정보와 복잡성이 밝혀졌어. DNA 염기 서열 분석을 넘어서서 이런 정보를 다루는 학문을 **후성유전학**이라고 해.

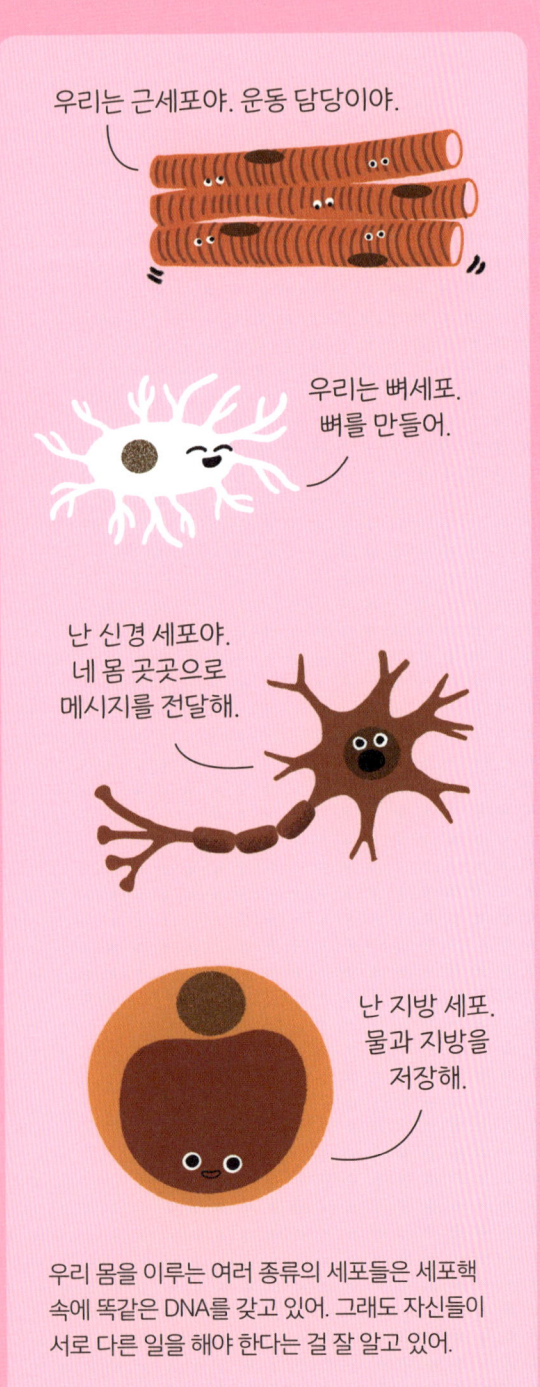

우리는 근세포야. 운동 담당이야.

우리는 뼈세포. 뼈를 만들어.

난 신경 세포야. 네 몸 곳곳으로 메시지를 전달해.

난 지방 세포. 물과 지방을 저장해.

우리 몸을 이루는 여러 종류의 세포들은 세포핵 속에 똑같은 DNA를 갖고 있어. 그래도 자신들이 서로 다른 일을 해야 한다는 걸 잘 알고 있어.

부속 구조 같은 후성유전학적 표지들의 영향력을 제대로 알고 싶다면, 동물 세계를 들여다보면 돼. 꿀벌을 살펴보자. 꿀벌이 큰 집단을 이루어 함께 산다는 건 잘 알 거야. 꿀벌 집단에는 여왕벌이 한 마리 있어. 여왕벌은 벌집에 머물면서 알을 잔뜩 낳고, 알이 부화해 새로운 벌이 되지. 일벌은 집단에서 다양한 임무를 수행해. 집을 지키고, 알과 애벌레를 돌보고, 꽃가루와 꿀을 모으는 일은 죄다 일벌 담당이야. 일벌은 알을 안 낳아. 여왕벌과 일벌을 구분하는 건 아주 쉬워. 여왕벌이 훨씬 크거든. 그런데 이런 차이는 어디에서 온 걸까? DNA 염기 서열 때문은 아니야. 둘의 유전자가 완전히 똑같으니까.

하지만 한 가지는 놀라울 정도로 달랐어. DNA 표지들을 살펴보았더니, 여왕벌과 일벌의 유전자 수백 개에 붙은 표지가 서로 달랐어. 왜 이런 차이가 생겼을까? 여왕벌은 알에서 부화해 다 자란 벌이 될 때까지 로열 젤리를 먹지만, 일벌은 성장하는 중간에 다른 먹이를 먹어. 먹이의 차이가 표지의 차이를 만들고, 그게 작은 애벌레가 여왕벌이 될 것인지, 아니면 일벌이 될 것인지 결정하는 거지.

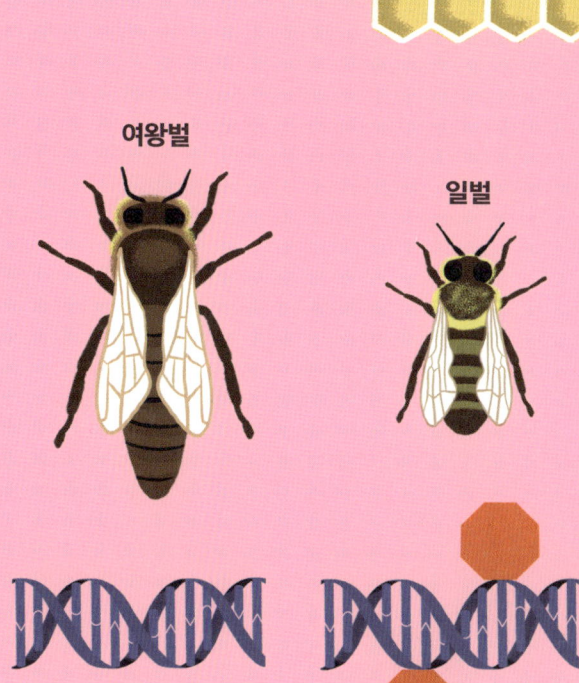

여왕벌 **일벌**

여왕벌과 일벌은 DNA 염기 배열은 같지만 표지들은 달라.

인간 유전체 프로젝트는 전 세계 과학자들이 참여한 연구 계획이었어. 사람 DNA의 전체 염기 배열을 밝히는 게 목적이었지. 1990년에 시작해서 2003년에 끝났어.
후성유전학적 변화는 염색체에 일어난 변화로 유전자의 활동에는 영향을 주지만 DNA 염기 배열을 바꾸지는 않아. 후성유전학적 변화는 환경의 영향을 크게 받아.
DNA 구성 요소 백과사전(ENCODE) 프로젝트의 목표는 인간 유전자의 기능을 확정하는 거였어. 2003년에 시작되었지.
DNA 글자들(염기들)이 배열된 순서를 찾는 것을 DNA 서열 결정이라고 해.
유전체란 한 생물의 유전자 전체를 가리키는 말이야. 게놈이라고도 하지.

차이를 알면

과학자들은 다른 생물의 DNA도 연구했어. 그들이 **여러 생물의 DNA**를 비교해 보았는데, 몇몇 부분이 똑같다는 걸 발견했어. 과학자들은 그런 부분이 모든 생물이 생존하는 데 필수적인 기능을 담당한다고 추측하고 있지.

과학자들은 생물 사이의 차이도 조사해서 그 차이가 어떤 효과를 내는지 연구하고 있어. 예를 들어 인간 DNA를 다른 생물의 DNA와 비교했는데, 인간한테만 특별히 다른 부분이 있다면, 그 부분이 사람에게만 있는 특징을 담당하는 유전자라고 생각할 수 있지.

유전적으로 아주 가까운 사람과 침팬지 유전자를 비교했더니 아주 흥미로운 결과가 나왔어. 침팬지와 사람의 DNA는 99%가 일치했어. 차이는 단 1%야. 30억 개의 글자 가운데 3,000만 개만 다른 거지. 진화 경로에서 사람과 침팬지가 갈라진 건 불과 몇백만 년 전인데, 어떻게 서로 이렇게까지 달라졌을까? 사람은 똑바로 서서 걸어. 털도 거의 사라졌지. 가장 중요한 차이는 사람의 뇌가 눈에 띄게 커졌고, 말을 하게 되었다는 거야. 이런 차이를 만든 유전자는 서로 다른 3,000만 개의 글자들 안에 있겠지. 언어 발달과 관련이 있는 흥미로운 유전자가 이미 발견되었어. FOX2인데 언어 유전자라는 별명이 붙었지. 이 유전자는 침팬지에게도 있는데, 사람 것과 몇 군데에서 차이가 났어. 아마 이 유전자에서 일어난 변화가 인간 언어 발달에 중요한 역할을 했을 거야.

사람들의 DNA를 서로 비교해 보면, 99.9%가 일치해. 우리는 서로 0.1%, DNA 글자 수로는 300만 개만 다른 거야. 우리는 생김새도 다르고, 행동도 다르게 하고, 성격도 다르고, 병에 대한 저항력도 차이가 나. 0.1% 안에 이 모든 차이를 만드는 유전자들이 있어. 과학자들은 이런 차이들을 조사하여 DNA의 어느 부분이 어떤 특징을 담당하는지 밝히려고 해.

2008년에 **1000 유전체 프로젝트**가 시작되었어. 이 연구에서는 서로 다른 사람들의 차이를 자세히 조사하고, DNA의 차이가 각 사람의 특징에 미치는 영향을 분석했어. 1000명을 조사하겠다는 원래 목표는 4년 만에 마무리되었고 결과도 발표되었지. 그 뒤로도 연구가 확대되어 이어졌어. 이 연구, 그리고 이와 비슷한 연구들로부터 가치 있는 깨달음을 얻었어. 우리 사이의 차이가 어디에서 생기는지 알면, 어떤 차이가 병을 일으키는지 이해할 수 있어. 그러면 질병의 원인을 아는 거니까 그 질병을 치료하는 약도 개발할 수 있지.
이게 끝이 아니야. 사람들 사이의 유전적 차이를 더 잘 알면, 약이 어떤 사람에게는 효과가 있고, 어떤 사람에게는 효과가 없는지도 알 수 있어. 그러면 각 사람에게 효과가 좋은 약만 처방할 수 있어. 효과도 없는 약을 쓰는 불필요한 치료를 피할 수 있는 거지. 심지어 개별 환자에게 적합한 치료법을 따로 개발할 수도 있을 거야. 이렇게 개별 환자에게 적합한 치료법을 적용하는 원리를 **개인 맞춤형 의료**라고 한단다.

생명의 설계도를 바꾸는 유전 공학의 시작

지금까지 유전자와 유전자 코드를 어떻게 발견했는지 이야기했어. 과학자들이 유전자 코드를 해독하는 방법도 알게 되었지. 이제부터는 과학자들이 어떻게 유전자 코드를 바꾸기 시작했는지 알아볼 거야.

다시 1970년으로 돌아가 보자. 그때 막 과학자들은 유전자 코드를 해독하고 생명의 설계도가 어떻게 쓰였는지 알아냈어. 모든 것을 이해하지는 못했지만, DNA 글자들과 그 글자들이 단어와 문장을 구성하는 방법은 알았지.

얼마 지나지 않아서 과학자들은 거대한 질문을 하기 시작했어. DNA의 문장을 다시 배열하면 무슨 일이 생길까? 물론 그 질문은 큰 의구심과 논쟁을 불러일으켰지. 과학자들은 설계도를 바꾸는 게 엄청나고 의미가 큰 발걸음을 내딛는 일이라는 걸 잘 알았어. 일단 내디디면 되돌릴 수 없다는 것도 알았지. 하지만 결국 호기심이 승리했어.

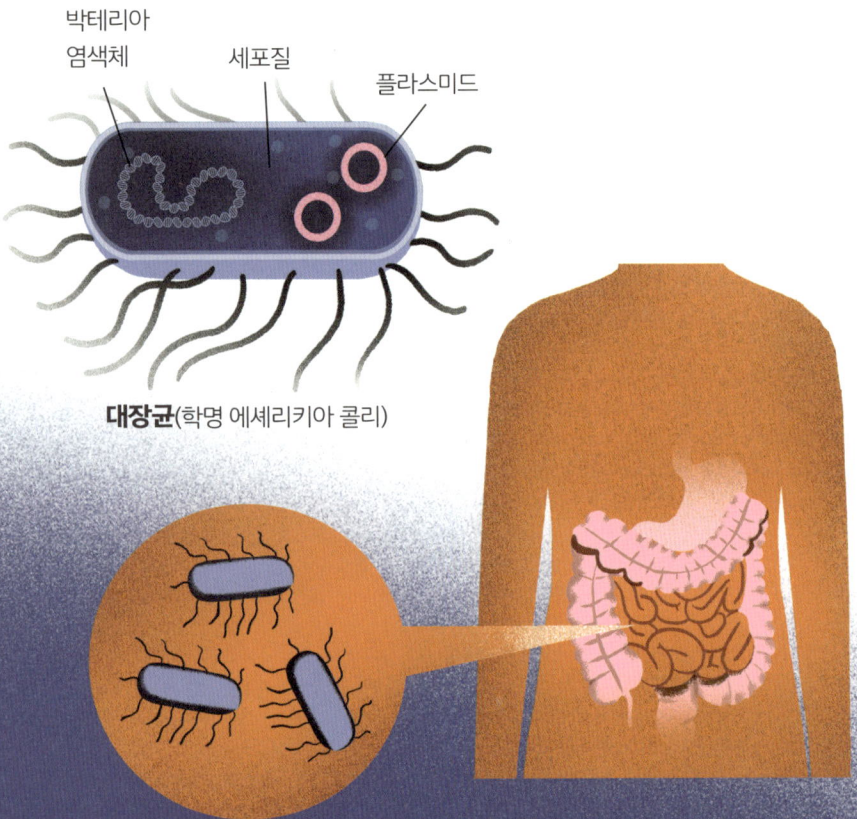

대장균(학명 에셰리키아 콜리)

과학자들은 **박테리아**에서 설계도 변경에 필요한 도구를 찾아냈어. 박테리아가 뭐냐고? 아주 작은 생물이야. 보통은 세포 하나로 이루어져 있어. 너무 작아서 맨눈으로는 볼 수 없고, 현미경을 써야 보여. 박테리아는 어디에나 있어. 공기에도 있고, 땅속에도 있고, 네 피부, 심지어는 네 안에도 있지. 질병을 일으키는 박테리아도 있지만 대부분은 해가 없고, 몇몇은 인간에게 도움을 주기도 해. 예를 들어 우리 장에 사는 박테리아는 소화를 돕지. 과학자들이 박테리아를 꽤 오랫동안 연구했는데, 그 과정에서 흥미로운 사실을 발견했어.

 **플라스미드** 박테리아 세포 속에 있는 작은 DNA 고리인데, 염색체와 별도로 존재하지. 보통 염색체보다 짧고 조작하기도 쉬워서 DNA를 수정하는 데 적합해.

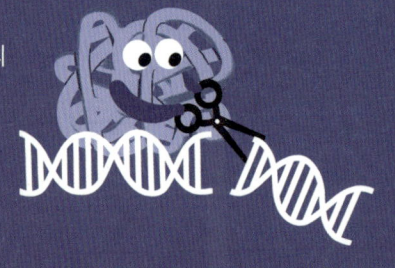

절단 단백질 마치 가위처럼 DNA의 한 지점을 정확하게 자를 수 있어.

접착 단백질 DNA 조각들을 다시 이어 붙여.

1970년에 유전자를 재조합하는 실험이 시작되었고, 1972년에는 두 박테리아의 DNA를 결합하는 데 처음으로 성공했어. 그때 **이런 방법을 사용**했어.

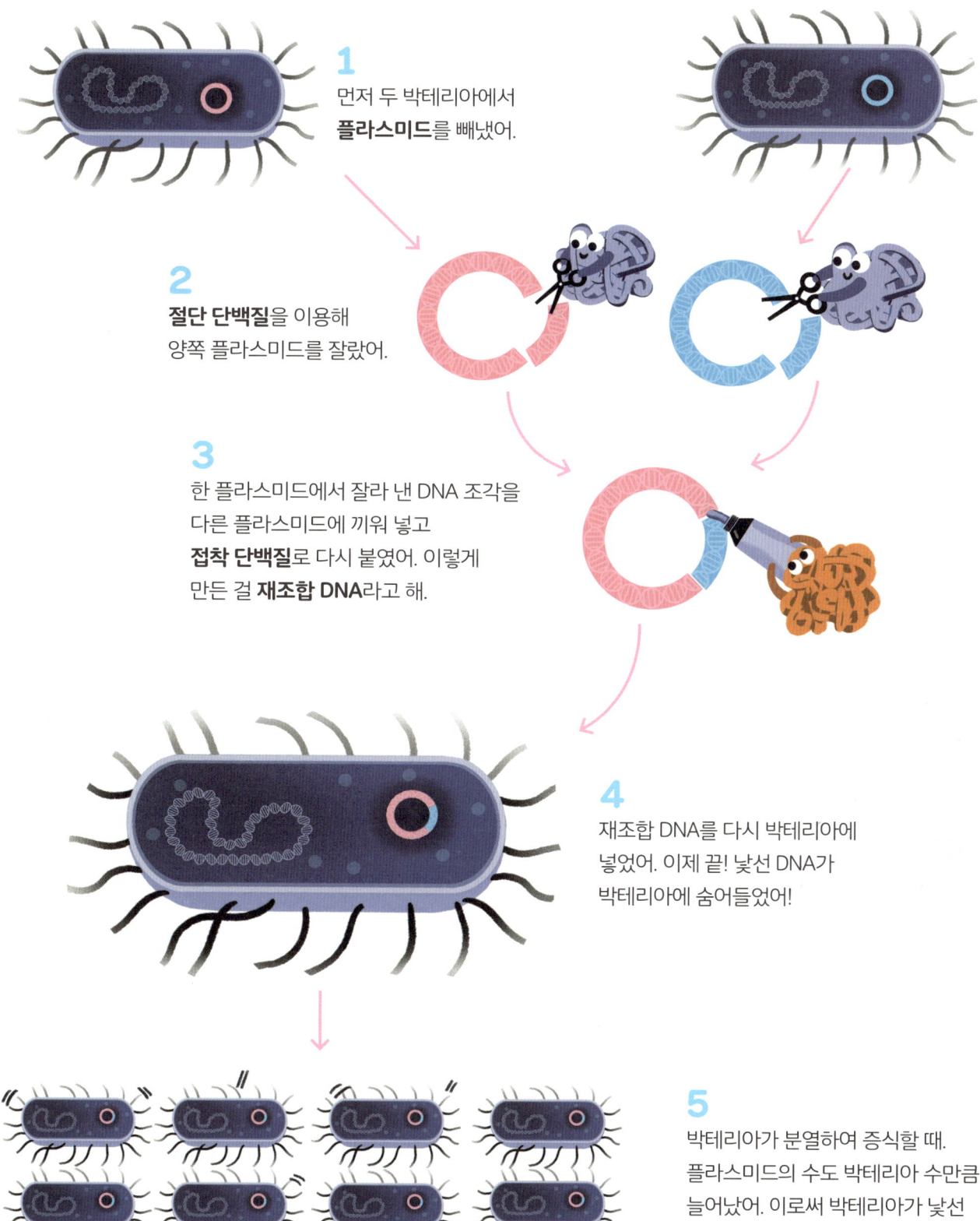

1
먼저 두 박테리아에서 **플라스미드**를 빼냈어.

2
절단 단백질을 이용해 양쪽 플라스미드를 잘랐어.

3
한 플라스미드에서 잘라 낸 DNA 조각을 다른 플라스미드에 끼워 넣고 **접착 단백질**로 다시 붙였어. 이렇게 만든 걸 **재조합 DNA**라고 해.

4
재조합 DNA를 다시 박테리아에 넣었어. 이제 끝! 낯선 DNA가 박테리아에 숨어들었어!

5
박테리아가 분열하여 증식할 때. 플라스미드의 수도 박테리아 수만큼 늘어났어. 이로써 박테리아가 낯선 유전자를 대량으로 생산하는 작은 공장이 되었지.

이것이 유전 공학의 시작이었어!

재조합 치료제

이제 유전자를 원하는 대로 재조합하거나 변형하는 게 가능해졌어. 모든 생물이 같은 DNA 코드를 사용하니까 다른 생물들끼리 유전자를 교환할 수 있어. 인간 유전자를 박테리아에 넣어 증식할 수도 있어. 그 유전자에 특정 단백질을 생산하는 정보가 들어 있다면, 박테리아가 증식하면서 그 단백질을 생산하겠지. 박테리아가 생산한 단백질을 추출해서 약을 만들 수도 있어.

1982년에 이런 방법으로 만든 약이 처음으로 사용 승인을 받았어. 그 약이 **인슐린**이라는 단백질이야. 인슐린은 세포가 음식의 당분을 흡수해서 이용하는 데 꼭 필요한 중요한 단백질이야. 당뇨병에 걸린 사람들은 인슐린이 부족해. 가끔 외부에서 공급해 줘야 하지. 과거에는 돼지와 소한테서 힘겹게 인슐린을 뽑아서 사용했어. 지금은 박테리아를 이용해 손쉽게 생산해. 이렇게 생산한 인슐린은 효과는 더 좋고, 몸에 주는 부담은 더 적어. 게다가 대량으로 훨씬 빠르게 생산할 수 있어. 박테리아 덕분이지.

인슐린은 작은 주사기로 피부를 통해서 몸에 넣어.

박테리아가 인슐린 공장이 되었어!

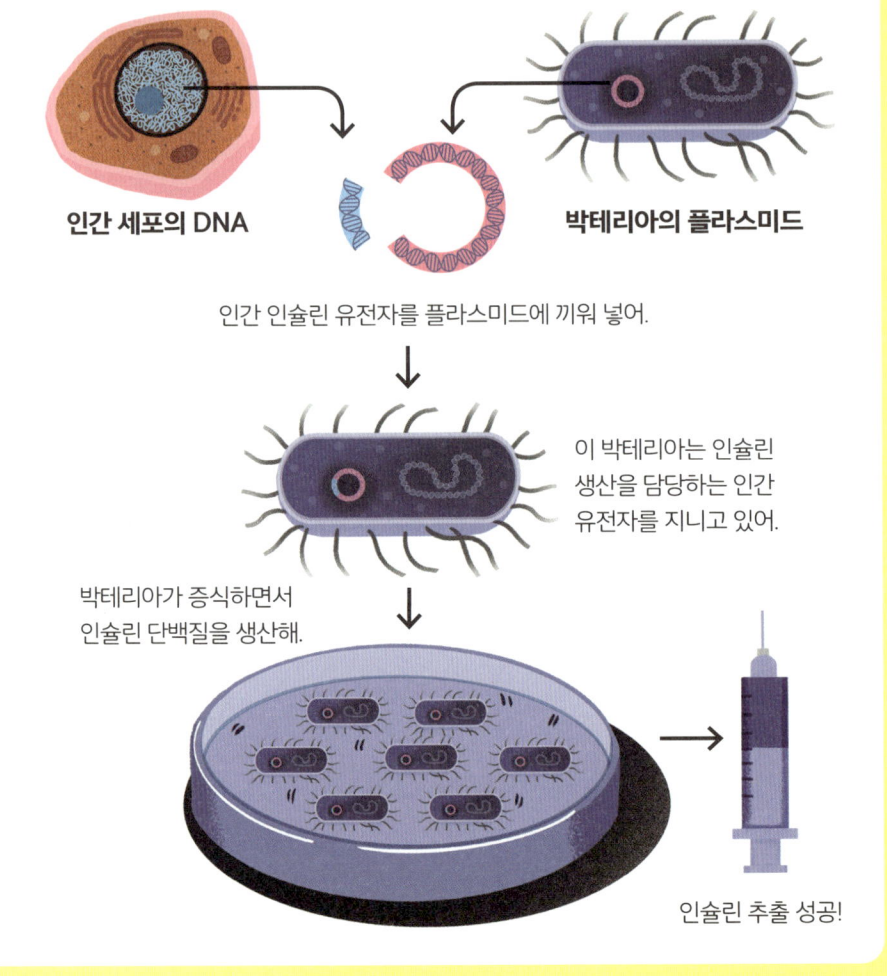

인간 세포의 DNA → ← **박테리아의 플라스미드**

인간 인슐린 유전자를 플라스미드에 끼워 넣어.

이 박테리아는 인슐린 생산을 담당하는 인간 유전자를 지니고 있어.

박테리아가 증식하면서 인슐린 단백질을 생산해.

인슐린 추출 성공!

DNA 수선

과학자들은 인간의 질병과 그 원인에 대해서 더 많은 사실을 알게 되었어. 당연히 질병을 고치고 싶은 마음도 점점 커졌지. 한 유전병에 대해서는 그 병을 일으키는 원인이 DNA에 생긴 오류고, 그 오류가 어느 지점에 있는지 잘 알려져 있었어. 그럼 DNA를 고치면 병도 고칠 수 있지 않을까?

이런 생각이 발전한 게 **유전자 치료**야. 오류가 있는 유전자를 빼서 버리고, 그 자리에 정상 유전자를 넣는다는 게 기본적인 아이디어지. 그러려면 정상 유전자를 세포 안에 넣어야 하는데, 주로 바이러스를 이용해. 바이러스는 박테리아보다도 훨씬 작아. 바이러스는 유전자 정보인 RNA 또는 DNA와 그걸 둘러싼 껍질로 이루어져 있어. 바이러스는 혼자서는 증식하지 못해. 다른 생물의 세포에 침투해 세포가 자신을 위해 일하게 만들어. 그러면 세포가 바이러스 단백질과 새로운 바이러스들을 생산하게 돼. 유전자 치료에서는 바이러스를 **유전자 택시**처럼 이용해. 질병을 일으키는 유전자를 바이러스에서 제거한 다음, 그 자리에 치료용 유전자를 삽입해. 바이러스가 세포 안으로 뚫고 들어갈 때, 치료용 유전자도 들어가게 하려는 거지. 유전자 치료에 주로 사용하는 바이러스는 두 종류야. 레트로바이러스와 아데노바이러스.

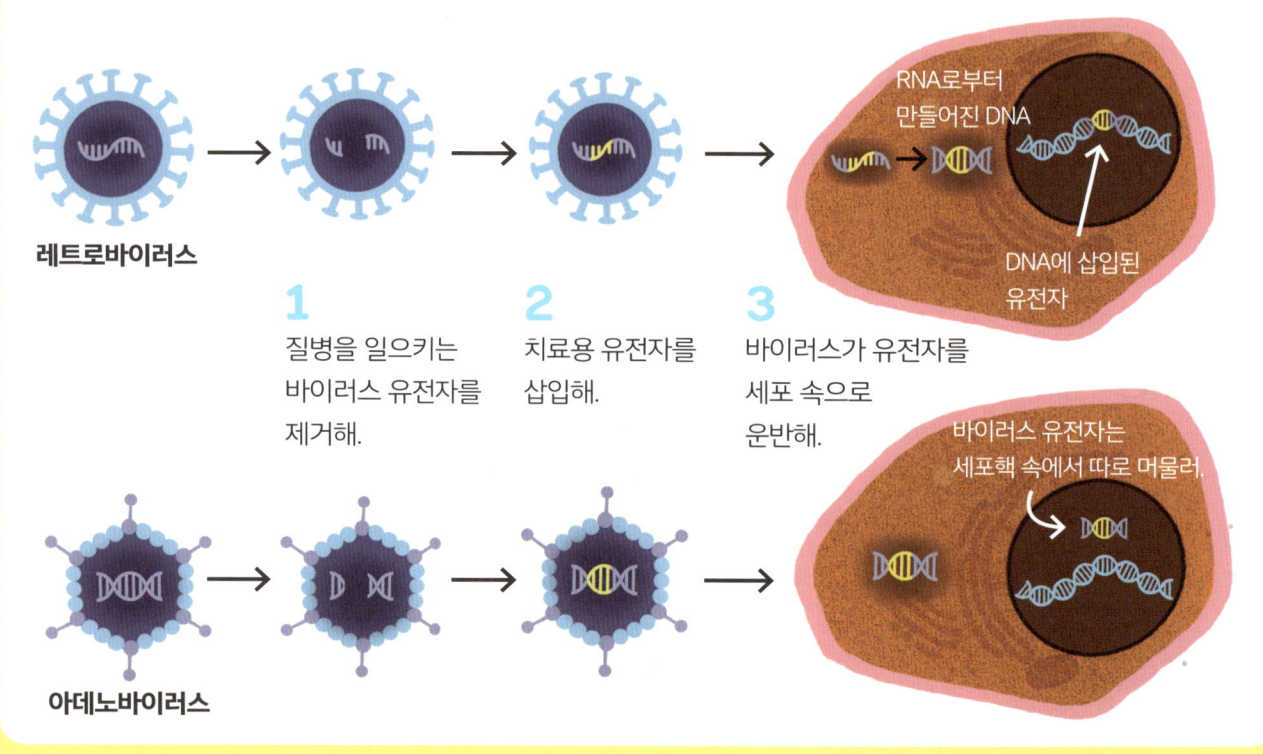

레트로바이러스

1 질병을 일으키는 바이러스 유전자를 제거해.

2 치료용 유전자를 삽입해.

3 바이러스가 유전자를 세포 속으로 운반해.

RNA로부터 만들어진 DNA

DNA에 삽입된 유전자

바이러스 유전자는 세포핵 속에서 따로 머물러.

아데노바이러스

1990년에 네 살짜리 여자아이가 처음으로 유전자 치료를 받았어. 그 아이는 매우 드문 유전병을 앓고 있었어. ADA 유전자에 이상이 생겨서 면역계가 아주 약해지고, 그 결과로 감기 같은 약한 감염이 일어나도 생명이 위태롭게 되는 병이었지. 유전자 치료를 하기 위해서, 아이한테서 피를 조금 뽑은 다음에 바이러스를 이용해 정상 ADA 유전자를 백혈구에 삽입했어. 그렇게 변화시킨 혈액세포를 다시 아이 몸에 넣었지. 치료는 성공했어. 그 뒤로도 연구가 활발하게 이루어졌어. 몇몇 연구는 큰 성공을 거두었고, 첫 유전자 치료법은 사용 승인을 받았지. 하지만 모든 일에는 넘어야 할 산이 있기 마련이야. 뭐가 문제일까?

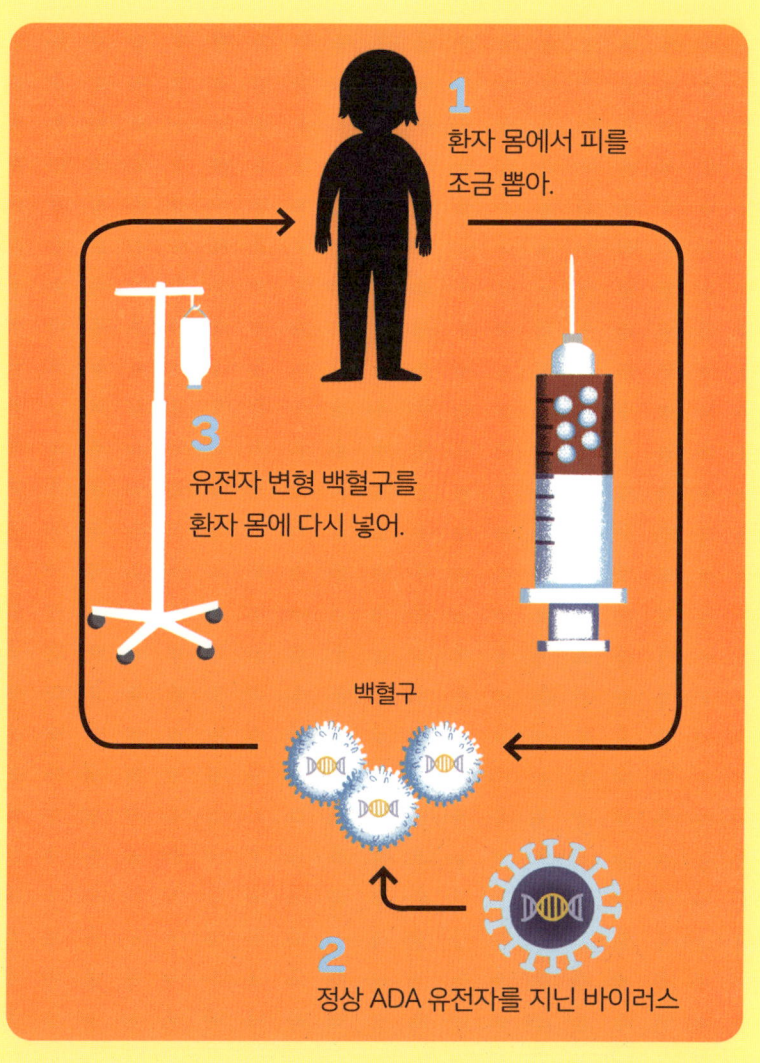

1 환자 몸에서 피를 조금 뽑아.

3 유전자 변형 백혈구를 환자 몸에 다시 넣어.

백혈구

2 정상 ADA 유전자를 지닌 바이러스

근본적인 문제는 유전자 택시, 즉 바이러스에 있어. 레트로바이러스를 이용하면 세포의 DNA에 치료용 유전자를 직접 삽입할 수 있어. 그러면 삽입된 유전자가 그대로 남아 있어서 치료 효과가 오랫동안 지속되지. 하지만 이 방법은 위험하기도 해. 치료용 유전자를 삽입할 지점을 정확하게 지정할 수 없기 때문이야. 치료용 유전자는 제멋대로 아무 데나 자리를 잡아. 그러면 무슨 일이 생길까? 치료용 유전자가 아무 효과도 없는 곳에 들어갈 수 있어. 중요한 유전자로 들어가서 그 유전자가 제 기능을 못 하게 할 수도 있어. 또는 암을 일으키는 유전자를 갑자기 작동시킬 수도 있지. 유전자를 세포의 DNA에 직접 끼워 넣지 않는 아데노바이러스도 단점이 있어. 바이러스가 운반한 유전자가 시간이 지나면서 사라지기 때문에 그만큼 효과가 오래가지 못해. 게다가 우리 몸의 면역계가 유전자를 운반하는 바이러스들을 적으로 생각할 수도 있는데, 그러면 싸워서 파괴해 버려. 그럴 때는 유전자 치료가 효과를 내지 못해. 면역계가 맹렬하게 싸우면 몸이 심하게 아플 수도 있고.

유전자 치료는 잘못된 유전자가 있는 세포에 정상 유전자를 넣어서, 세포가 제 기능을 하도록 하는 치료법이야.

크리스퍼 유전자 가위

크리스퍼/카스9의 발견으로 새로운 길이 열렸어. 짧게 줄여서 크리스퍼라고 불러! 이건 한층 발전한 유전 공학 기술이야. 과학자들이 박테리아에서 처음으로 크리스퍼를 발견했는데, 박테리아가 적대적인 바이러스로부터 자신을 지키는 무기라고 할 수 있지. 크리스퍼는 두 부분으로 이루어져 있어. 먼저 **수색대** 역할을 하는 부분이 적대적인 바이러스의 염기 배열이 어디 있는지 샅샅이 뒤져. 그러다가 목표 염기 배열을 찾으면, 수색대는 그 지점에 멈춰. "여기 있다!" 하고 알려 주는 거지. 그러면 두 번째 부분인 **절단 도구**가 나서서 바깥에서 들어온 유전 물질을 필요한 만큼 정확하게 잘라 내.

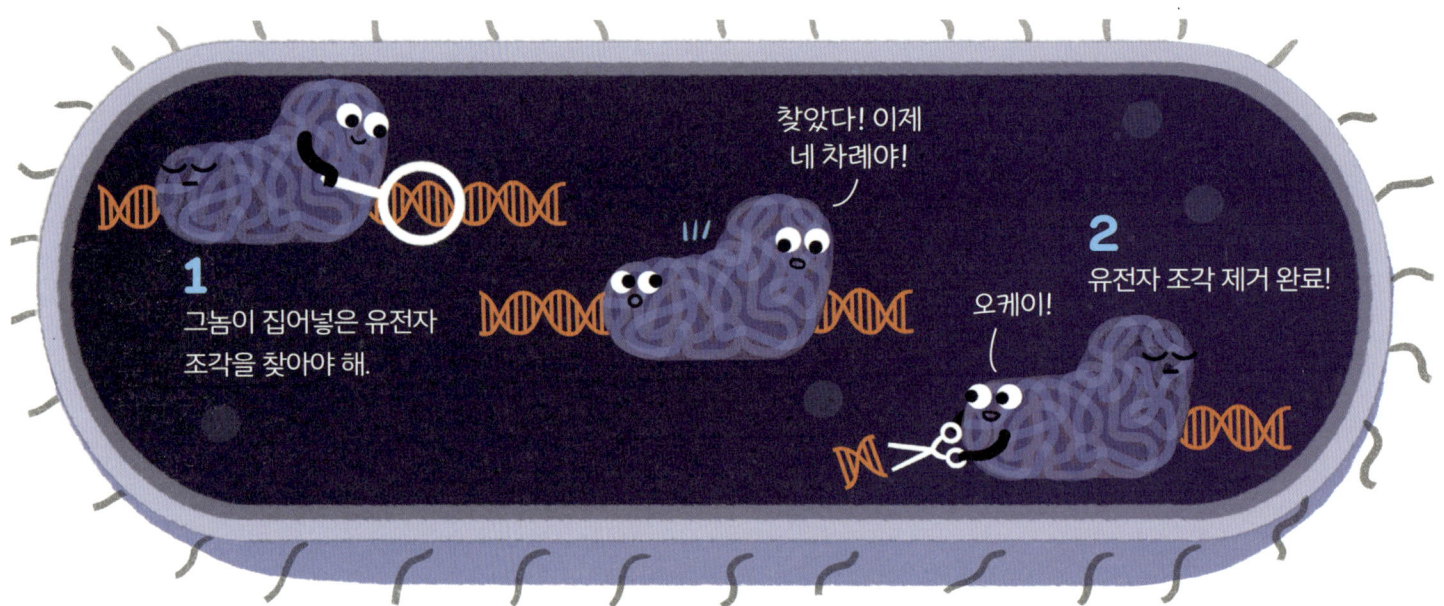

과학자인 **에마뉘엘 샤르팡티에**와 **제니퍼 다우드나**는 박테리아가 사용하는 특별한 무기에 큰 관심이 생겼어. 두 사람은 획기적인 아이디어를 생각해 냈어. 이 무기를 유전자를 목표한 대로 정확하게 조작하는 도구로 사용하는 것이었지! 두 사람은 수색대를 프로그램해서 원하는 염기 배열을 찾게 하는 데 성공했어. 그건 수색대의 안내를 받은 절단 도구가 DNA에서 우리가 원하는 부분을 잘라 낼 수 있다는 뜻이기도 했지. 이 사건으로 DNA 수선 방법도 큰 영향을 받았어. 염기 하나를 교체할 수도 있고, 유전자 일부를 제거하고 완전히 새로운 염기들을 삽입할 수 있게 되었어. DNA를 마음대로 조작할 능력이 생긴 거야. 크리스퍼는 이전 것보다 훨씬 정확한 유전자 편집 기술이지.

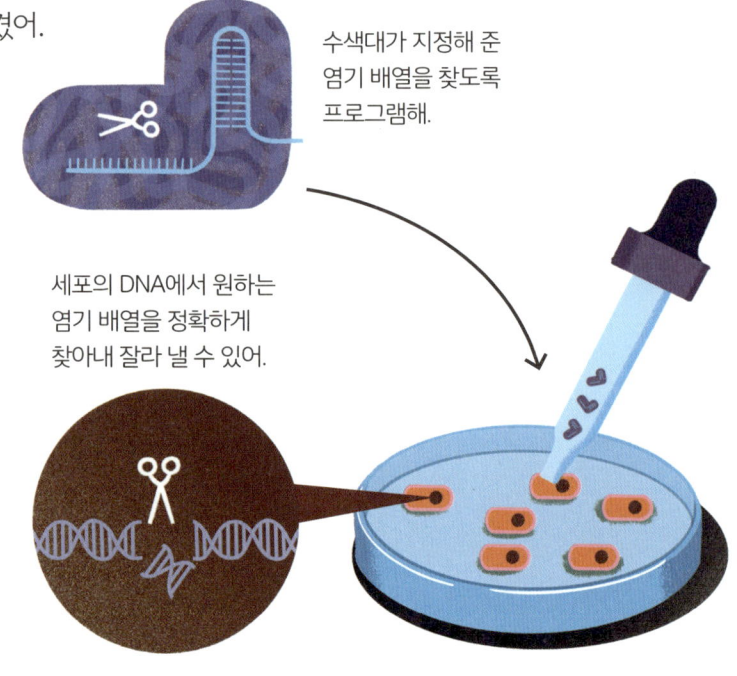

이미 크리스퍼 기술을 치료에 적용하여 성공한 적이 있어. 2020년 끝 무렵에 크리스퍼 유전자 치료 기술을 낫 적혈구병에 사용했지. 이 병은 적혈구에서 혈색소가 정상적으로 만들어지지 않는 병이야. 지금도 이 기술을 활용하는 여러 가지 프로젝트가 진행 중이야. 그만큼 크리스퍼 기술에 거는 기대가 크단다!

위대한 발명품이 나올 때마다 그랬던 것처럼 크리스퍼에 대해서도 기대가 큰 만큼 우려도 커. 2018년, 크리스퍼 기술로 특정 유전자를 교체한 쌍둥이가 태어났다는 뉴스가 중국에서 나왔어. 그 이전까지 유전자 치료는 체세포만 변화시켰어. 다시 말해서 유전자 치료를 받은 사람의 몸에만 변화가 일어난 거지. 하지만 생식 세포의 유전자를 변화시키면, 그 변화는 자식한테까지 전달돼. 인간이 자신의 설계도를 의도적으로 바꾸기 시작한 거지. 이 일로 전 세계가 큰 충격을 받았어! 많은 과학자가 인간 생식 세포와 배아를 대상으로 하는 실험을 즉각 중단해야 한다고 주장했어. 먼저 이 신기술의 적용 범위를 명확하게 정하고 어디에서 제한할지 결정하자는 거였어. 물론 크리스퍼 기술이 의료를 발달시킬 가능성은 아주 커. 결함이 있는 유전자를 즉시 수선해서 치료가 불가능한 여러 유전병을 예방할 수도 있으니까. 하지만 어느 날 이 기술이 엄청나게 발전한다면, 그 기술로 인간 스스로 자신의 진화 방향을 결정해도 될까? 그렇게 되면 어떤 결과가 나타날까?

크리스퍼/카스9, 줄여서 크리스퍼는 의도한 대로 DNA를 조작하는 기술이야. 이 기술을 유전자 편집이라고 부르기도 해.
크리스퍼 유전자 치료 기술을 사용하면, 유전자 가위로 DNA의 결함을 정확하게 제거하고 고칠 수 있어.
유전자 치료를 체세포에 적용하면, 치료를 받은 사람한테만 영향을 미쳐. 유전자 치료로 생식 세포가 변화하면, 치료를 받은 사람의 자손들까지 영향을 받아.

녹색 유전 공학

지금까지 인류는 선택 원리에 따라서 식물을 교배했어. 돌연변이는 식물의 특징에 무작위적인 변화를 일으켜. 사람들이 변화를 일으킨 식물 가운데 자신에게 가장 이로운 것을 골라서 번식시켰지. 마음에 드는 식물을 만들려면 수많은 세대를 거치는 동안 계속 선택해야 했어. 정말로 느린 과정이었지. 지금은 유전 공학 기술, 특히 **크리스퍼 유전자 가위**가 있으니까 과학자들은 기다리지 않아. 식물 유전자를 직접 조작하지. 예를 들어 농작물이 병이나 해충에 잘 견디도록 바꾸는 거야. 그뿐이 아니야. 특별한 환경에 잘 적응하는 식물을 만들기도 해. 그렇게 해서 안정적으로 농작물을 수확하고 수확량도 늘려서 식량 상황을 개선하려는 거야.

전 세계 가난한 지역에 사는 사람들이 겪는 비타민A 결핍 문제도 유전 공학으로 해결하려고 해. 이 때문에 해마다 수많은 어린이가 시력을 잃고 있거든. 이 문제를 해결하는 방법은 비타민A를 더 많이 함유한 품종을 개발하는 거야. **황금 쌀**이 바로 그런 품종이지. 가난한 나라에 꼭 필요한 일이야.

살충제를 비롯한 독성 물질 사용량을 줄이는 것도 목표 가운데 하나야. 목표는 모두 훌륭하고 거창하지만, 녹색 유전 공학을 걱정스럽게 바라보는 사람도 많아. 왜 그럴까? 한 가지 우려는 유전자 변형 식물 때문에 오랫동안 이어진 동물과 식물 사이의 균형이 깨질 수 있다는 거야. 인공적으로 도입한 낯선 유전자가 야생 식물로 옮겨갈 수 있다는 거지. 환경에 미칠 **위험**은 예측하기 어려워. 유전자 변형 식품이 우리 건강에 어떤 영향을 주는지 확실히 알지 못한다는 것도 걱정거리야. 다른 측면에서 이 기술을 비판하기도 해. 농부들이 유전자 변형 씨앗을 사용하려면, 해마다 씨앗을 새로 사서 심어야 해. 농부들, 특히 가난한 나라의 농부들한테는 경제적으로 큰 부담이지. 그런데 유전자 변형 식물을 기르면 정말로 살충제를 덜 쓰게 될까? 이 문제를 두고서도 논쟁이 벌어지고 있어.

녹색 유전 공학은 농업에 유전 공학 기술을 사용하는 일을 가리키는 말이야.

환경을 지키는 유전 공학

지구 환경이 위기에 빠졌다는 소식은 너도 들어 봤을 거야. 유전 공학이 환경을 위한 싸움에 도움을 줄 수 있을까? 아마 가능할 거야.

메테인 가스가 뭔지 알지? 맞아, 지구 온난화를 일으키는 온실가스의 한 종류야. 소가 메테인 가스를 꽤 많이 배출한다는 이야기도 들어 봤을 거야. 정확하게 말하면 소가 이 가스를 생산하는 건 아니야. 사실은 소의 위 속에 사는 박테리아가 생산해. 박테리아가 만든 가스가 소가 트림하거나 방귀를 뀔 때 밖으로 나와 공기에 섞이는 거지. 메테인 가스 배출량을 줄이려면 소의 수를 줄여야 해. 우리가 고기를 적게 먹어야 한다는 뜻이지. 소의 위에 사는 박테리아와 소의 유전자를 조작해서 박테리아가 메테인 가스를 전혀 생산하지 않거나 아주 적게 생산하게 하려는 연구가 진행 중이야. 이게 성공하면 소가 메테인 가스를 아주 적게 배출하겠지.

메테인 가스

박테리아가 메테인 가스를 생산해.

유전자 변형 박테리아

난 방귀를 거의 뀌지 않아.

이산화탄소도 온실가스야. 2019년에 이스라엘 바이츠만 연구소의 **론 밀로**가 이끄는 연구팀이 특별한 박테리아에 대해서 발표했어. 당분 대신에 주변의 이산화탄소를 먹고 당분을 생산하는 박테리아였지. 다음 단계는 박테리아를 이용해 이산화탄소로 연료를 만드는 거야.

또 다른 프로젝트도 있어. 유전자를 변형해서 **박테리아가 플라스틱을 먹거나 바이오플라스틱을 생산하게 한다**는 계획이지. 토양이나 물에 있는 **독성 물질**을 찾아내서 분해하는 유전자 변형 박테리아도 연구하고 있어. 물론 다른 연구들도 진행 중이지.

전 세계가 공업화되면서 발생한 문제를 새로 등장하는 기술이 해결해 줄까? 아니면 더 풀기 힘든 문제를 일으키지는 않을까? 미래가 되면 알 수 있겠지.

플라스틱을 먹는 박테리아도 연구하고 있어.

유전자 드라이브

유전자 드라이브는 유전자 엔진 같은 거라고 할 수 있어. 터보 엔진이라고 하는 게 더 잘 맞겠다. 유전자 드라이브를 사용하면 유전자 변화를 한 집단 안에서 매우 빨리 퍼뜨릴 수 있거든. 이 기술을 어떻게 사용할 수 있는지 말라리아와 싸우는 걸 예로 들어 이야기할게. 이 병의 원인이 말라리아모기가 옮기는 말라리아 병원충이라는 건 기억날 거야. 한 가지 방법은 몸 안에서 말라리아 병원충이 생존하지 못하는 모기를 만드는 거야. 모기가 말라리아 병원충에 저항성을 갖도록 유전자를 조작하는 거지. 그런 모기는 이 병을 옮기지 않을 테니까 말이야. 그런데 어떻게 하면 모든 모기가 저항성을 갖게 할 수 있을까? 먼저 **저항성 유전자**가 모기 사이에서 어떻게 퍼지는지 살펴보자.

저항성 모기가 보통 모기와 짝짓기를 하면 자손의 반은 저항성 유전자를 물려받고 반은 물려받지 않아. **둘의 비율은 1 대 1이야.**

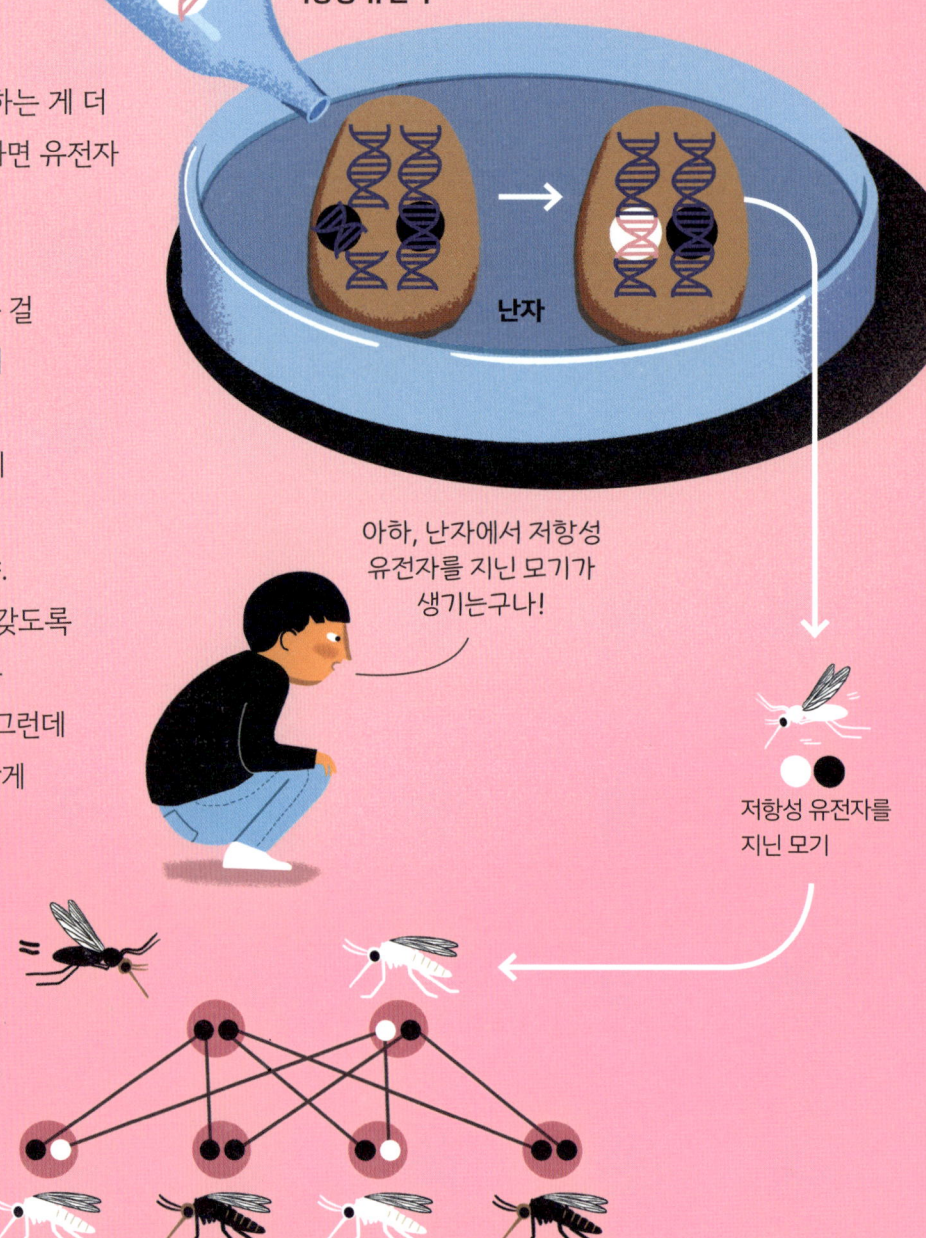

저항성 유전자를 물려받은 모기는 자기 자손한테도 그 유전자를 물려줘. 이런 식으로 여러 세대가 지나면 어떤 일이 생기는지 그림을 잘 봐. 저항성 유전자가 점점 사라져서 아주 드물게 돼. 이런 식으로는 유전자가 퍼지기 힘들어!

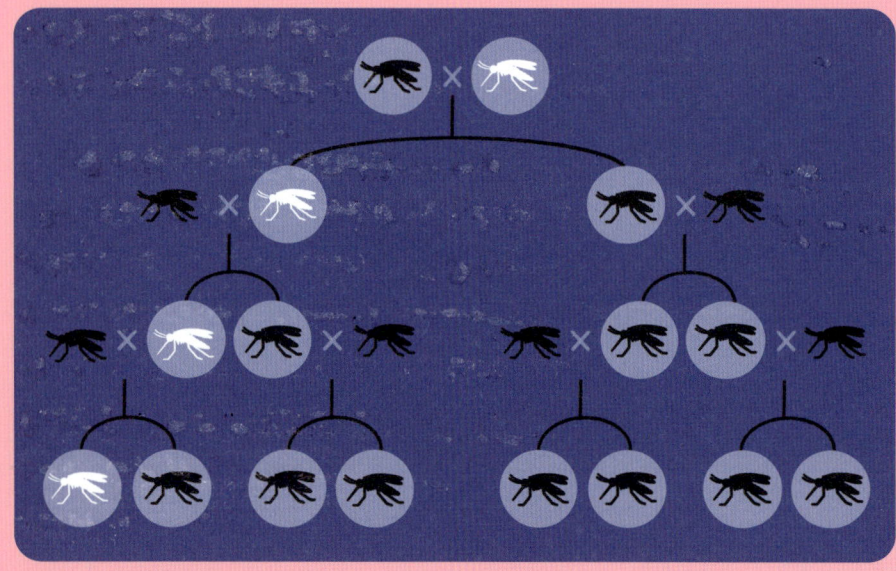

유전자 드라이브를 사용하면 어떻게 될까? 이 기술의 핵심은 저항성 유전자와 크리스퍼 유전자 가위를 함께 넣는 거야. 크리스퍼 유전자 가위가 보통 유전자를 잘라 내면, 세포가 그 자리에 저항성 유전자를 삽입해. 그러면, 짜잔! 세포는 저항성 유전자를 두 벌 지니게 돼. 이 세포에서 생긴 모기는 저항성 유전자가 두 벌이라서, 모든 자손에 그 유전자를 물려주지. 일반 유전 법칙을 따르면 반만 물려주는데 말이야.

이게 다가 아니야. 자손들은 유전자 가위도 물려받아. 자손들한테서도 유전자 가위가 보통 유전자를 잘라 내고 그 자리에 저항성 유전자가 들어가. 그렇게 해서 이 자손들도 자신의 모든 자손에게 저항성 유전자를 물려줘. 다음 자손들도 또 그렇게 하지. 결국 얼마 안 되어서 말라리아 병원충에 저항성을 지닌 모기들만 남게 되지.

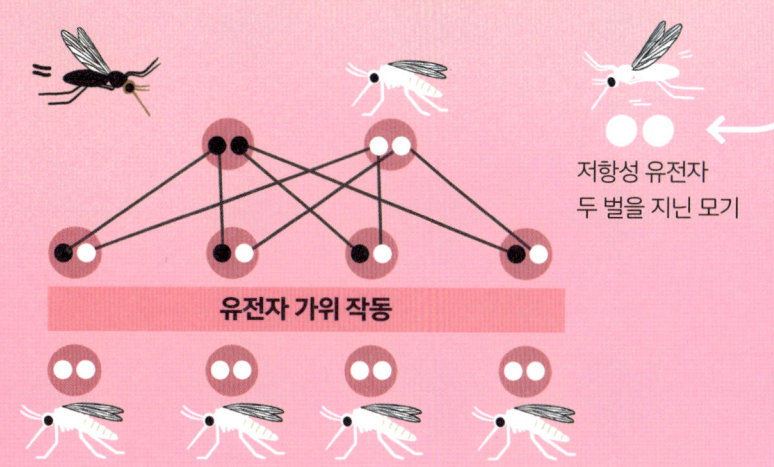

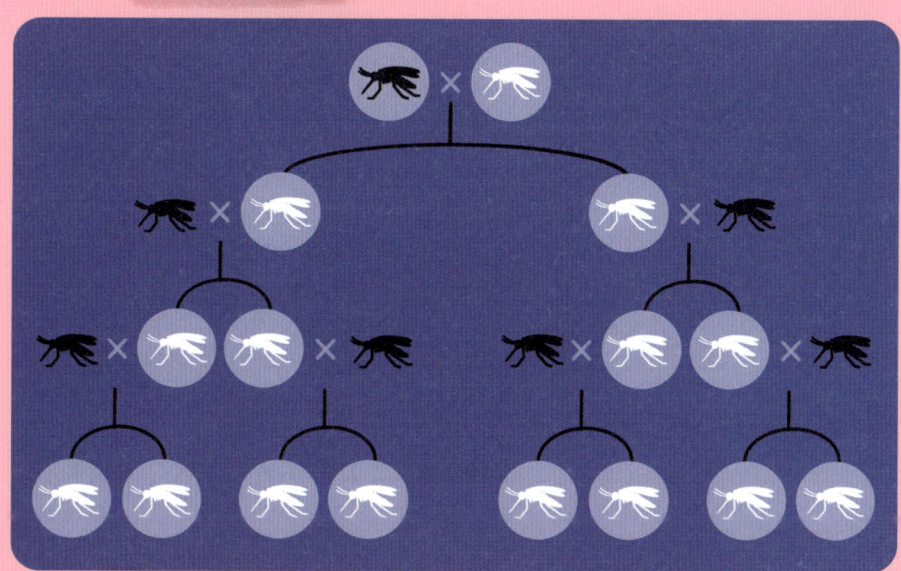

이 기술은 천재적이지만 동시에 위험하기도 해. 유전자 드라이브가 한번 세상에 들어오면 거의 멈출 수가 없어. 예상하지 못한 부작용이 생길 수도 있지. 그러면 어떤 일이 벌어질까?

복제 양 돌리와 다른 클론들

1997년 2월 22일, 스코틀랜드에서 태어난 양 돌리 사진이 전 세계로 퍼졌어. 돌리가 평범한 양이 아니었기 때문이지. 돌리는 체세포를 복제해서 만든 첫 동물이었어.

체세포 복제가 뭐냐고? 자연적인 방식으로 새끼 양이 태어나려면, 암양의 난자 하나와 숫양의 정자 하나가 필요해. 하지만 돌리는 달랐어. 난자의 세포핵을 제거하고 그 자리에 다른 양의 젖샘에서 채취한 세포핵을 넣었어. 난자의 DNA를 젖샘 체세포의 DNA로 바꾼 거야. 따라서 돌리는 체세포를 채취한 양과 똑같은 유전 정보를 갖게 되었지. 돌리와 그 양은 유전적으로 동일해. 돌리처럼 다른 개체와 유전적으로 동일한 개체를 클론이라고 해.

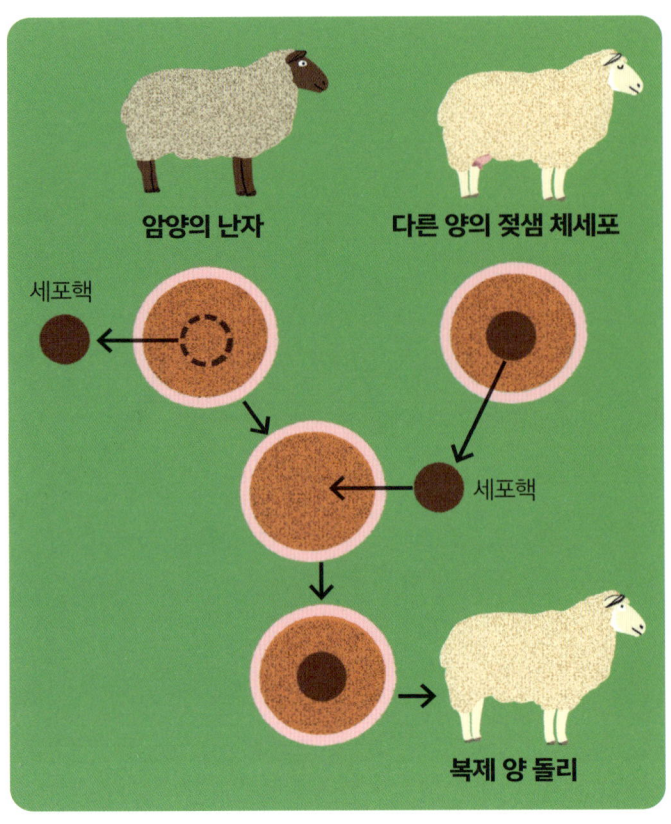

자연적 클론

자연 세계에서 **클론**은 드물지 않아. 세포 하나로 이루어진 박테리아와 효모균은 똑같은 두 세포로 분열해. 줄기로 번식하는 딸기나 감자도 그 과정에서 클론이 생기지. 일란성 쌍둥이도 사실은 자연적인 클론이지.

과일나무 접붙이기도 따져 보면 클론을 만드는 거야. 과수원에 맛이 아주 좋은 과일이 달리는 나무가 있으면, 농부는 그 나무에서 싹눈을 잘라서 다른 나무의 줄기에 붙여. 싹눈에서 가지가 자라면, 그 가지는 싹눈을 채취한 나무와 똑같은 특성을 갖게 되어서 똑같이 맛있는 과일이 열려. 농부가 자기가 가장 좋아하는 나무의 유전자를 복제하여 품종개량을 한 셈이지. 이것도 클론이야!

동물 복제가 완전히 새로운 건 아니었어. 복제 양 돌리가 태어나기 한참 전인 1962년에 과학자 존 거던이 개구리 체세포를 이용해 클론을 만들었어.

하지만 포유동물로 클론을 만든 건 돌리가 처음이야. 그 뒤로 소, 염소, 개를 비롯한 다른 동물의 클론이 줄줄이 등장했지. 마침내 2018년에 마카크원숭이를 복제했다는 뉴스가 중국에서 나왔어.

복제 양 돌리 때도 그랬지만 이번에도 동물 복제에 대한 논쟁이 한층 더 뜨겁게 벌어졌어. 우선 복제 과정에 매우 심각한 문제가 있어. 돌리가 태어나기 전까지 무려 300번의 실험이 이루어졌어. 많은 새끼 양이 태어나지 못하고 죽었어. 돌리도 병이 들었고, 결국 오래 살지 못했어. 사람들이 더 크게 걱정하는 게 있어. 이런 실험들이 결국에는 인간 복제로 이어질까 봐 두려워하고 있지. 많은 사람이 동의하는 것처럼 인간 복제는 금지되어야 해.

한번 상상해 봐. 너랑 똑같은 사람이 돌아다니거나 너랑 똑같은 클론으로 이루어진 군대가 생길지도 몰라. 어쩌면 너랑 똑같은 표준형 인간만 수천만 명 또는 수억 명이 살 수도 있지. 그런 세상이 오면 어떨 것 같아? 상상만으로도 끔찍하지 않니?

클론은 생물을 유전적으로 복제한 거야.

작지만 만능인 세포

배아 줄기세포는 생물의 발생 초기에만 존재해. 줄기세포로부터 온갖 종류의 세포가 생겨나지. 하지만 줄기세포의 이런 능력은 며칠이 지나면 사라져. 그 뒤로는 줄기세포가 피부 세포, 신경 세포, 혈액 세포 같은 여러 종류의 세포로 분화해. 이런 세포들은 한 종류로 고정돼. 예를 들어 피부 세포가 신경 세포나 혈액 세포가 되는 일은 없어. 꽤 자란 생물에게 배아 줄기세포가 없는 건 안타까운 일이야. 만약에 줄기세포가 있으면 몸의 세포가 파괴되거나 제 기능을 하지 못할 때, 줄기세포로부터 건강한 세포들을 다시 만들 수 있잖아. 그러면 진짜 대단할 거야!

2006년에 과학자 야마나카 신야가 특별한 실험을 했어. 그는 피부 세포를 **유도만능줄기세포**(줄여서 ipS 세포라고 불러.)로 변화시키는 데 성공했어. 이름이 정말 어렵지만 알아 둘 가치가 있어. ipS 세포는 생물 발생 초기에 존재하는 배아 줄기세포와 비슷한 능력이 있어서 모든 세포로 분화될 수 있어. 하지만 둘 사이에는 큰 차이가 있어. ipS 세포는 완전히 자란 체세포로부터 언제든 만들어 낼 수 있어. 과학자들이 ipS 세포를 활용하는 방법을 찾고 있어. 예를 들어 심근 경색으로 파괴된 심장 세포를 대체하거나 허리를 심하게 다쳐 마비된 사람에게 건강한 신경 세포를 공급하는 거지. 지금까지는 회복이 불가능했던 환자들을 치료할 수 있으리라는 희망이 점점 커지고 있어.

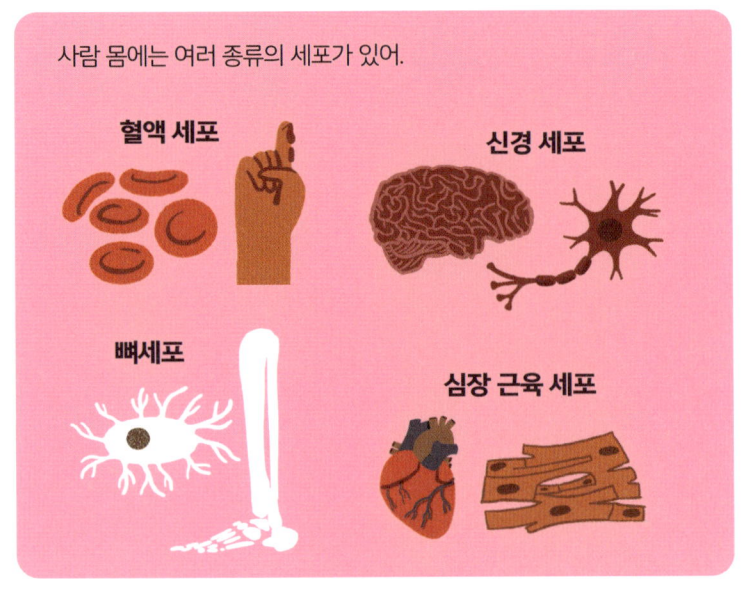

사람 몸에는 여러 종류의 세포가 있어.
혈액 세포, 신경 세포, 뼈세포, 심장 근육 세포

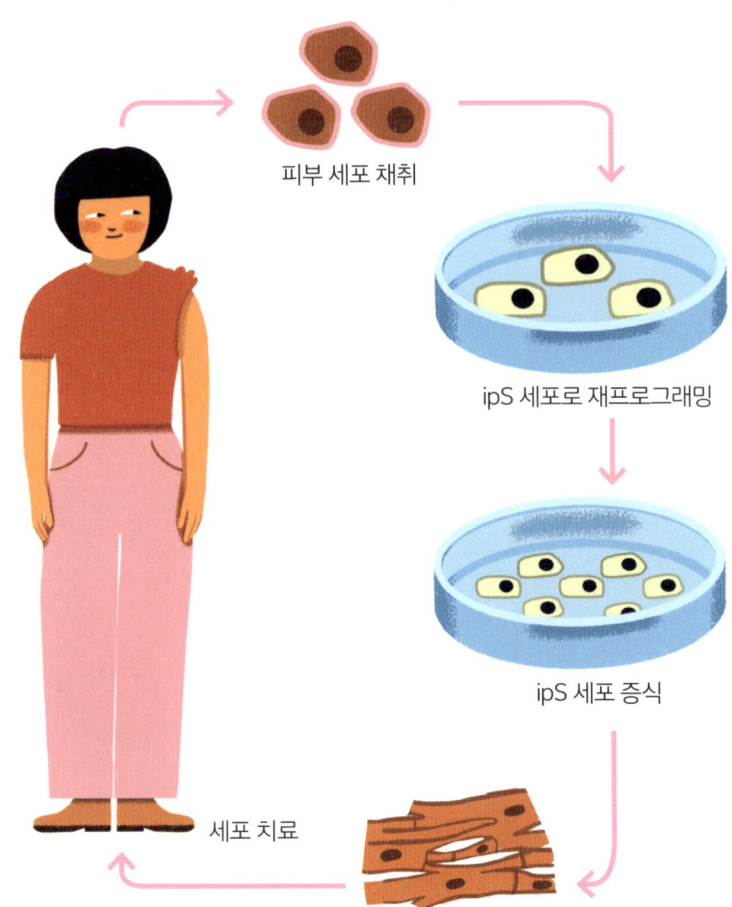

피부 세포 채취 → ipS 세포로 재프로그래밍 → ipS 세포 증식 → 원하는 종류의 세포로 변환 → 세포 치료

> 배아 줄기세포는 모든 종류의 세포로 분화할 수 있어. 하지만 생물 발생 초기에만 잠깐 존재해.
> ipS 세포는 체세포를 초기 배아 상태로 되돌린 거야. 이 세포도 배아 줄기세포처럼 여러 종류의 세포로 분화할 수 있지.
> 과학자들이 ipS 세포를 이용하여 병든 세포를 건강한 세포로 대체하는 연구를 하고 있어. 성공하면 지금까지는 치료할 수 없었던 질병을 치료할 길이 열릴 거야.

공룡을 되살린다고?

모든 세포에는 그 생물에 대한 모든 정보가 들어 있어. 모든 생물은 단 하나의 세포로부터 자라나지. 개구리, 양, 개, 고양이를 비롯한 동물들도 마찬가지야. 그렇다면 오래전에 죽은 동물의 DNA로 그 동물을 되살려서 지금 살게 할 수는 없을까? "쥐라기 공원"이 현실이 될 수 있을까?

헤헤헤, 나를 되살리면 진짜 볼만할 텐데!

그런 상상이 완전히 잘못된 건 아니야! 하버드 대학교 교수인 **조지 처치**는 매머드를 되살리는 시도를 하고 있어. 매머드는 수천 년 전에 멸종했어. 하지만 거의 완벽하게 보존된 표본이 얼음 속에서 발견되었지. 심지어 털도 남아 있었어. DNA도 보존되어 있었지. 오랜 시간을 견디는 동안에 DNA가 토막토막 잘렸지만, 매머드의 유전적 설계도를 완벽하게 복원할 수 있었어. 처치 교수는 매머드 유전자를 코끼리 DNA에 삽입할 계획이야. 이번에도 크리스퍼 유전자 가위를 이용할 거야. 언젠가는 매머드나 매머드를 닮은 코끼리가 우리 행성에서 쿵쿵거리며 걸어 다닐지도 몰라.

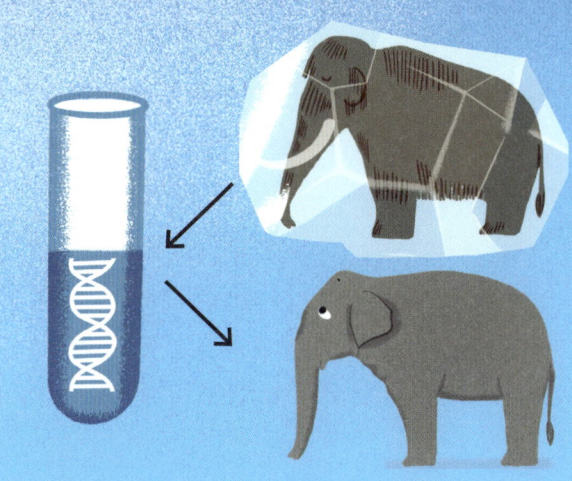

공룡도 되살릴 수 있을까? 음, 공룡이 수천만 년 전에 멸종했다는 게 문제야. 과학자들은 DNA가 그렇게 긴 시간 동안 보존되기는 어렵다고 생각해. 결국 공룡 설계도를 복원하는 건 불가능하다는 거지. 아무래도 공룡은 영화에서나 봐야 할 거 같아.

범죄자들, 딱 걸렸어!

유전학은 범죄 현장에서도 중요한 역할을 해. 범죄 현장에 떨어진 작은 피부 조각, 머리카락, 피 한 방울로 범인을 찾아낼 수 있어. 이런 단서에는 DNA가 들어 있는 세포가 있고, 모든 사람의 DNA가 다 달라서 그걸로 범인을 가려낼 수 있기 때문이지. 1987년에 처음으로 유전자 지문을 이용해 사건을 해결했어. 그럼 유전자 지문이 뭔지 정확하게 알아볼까?

그 당시 **앨릭 제프리**라는 과학자가 영국 레스터 대학교에서 유전병을 연구하고 있었어. 그는 한 가족 구성원들의 DNA를 비교하다가 흥미로운 사실을 발견했어. DNA의 어떤 구역에 예를 들어, "CAGTCAGTCAGTCAGTCAGT" 같은 염기 배열이 반복해서 나타났어. 대부분이 유전자들 사이사이에 끼어 있었고 DNA 전체에 퍼져 있었지. 이 배열은 왜 있는 걸까? 그 이유는 정확하게 몰랐지만, 앨릭 제프리는 이 배열이 나타나는 빈도가 사람마다 다르다는 사실에 주목했어. 예를 들어 어떤 사람한테서는 5번, 어떤 사람한테서는 10번, 또 어떤 사람한테서는 20번이나 50번, 또는 100번 반복해서 나타날 수 있는 거지. 그래서 이 배열이 나타나는 구역의 길이가 사람마다 달라. 심지어는 한 쌍을 이루는 두 염색체도 서로 다르지.

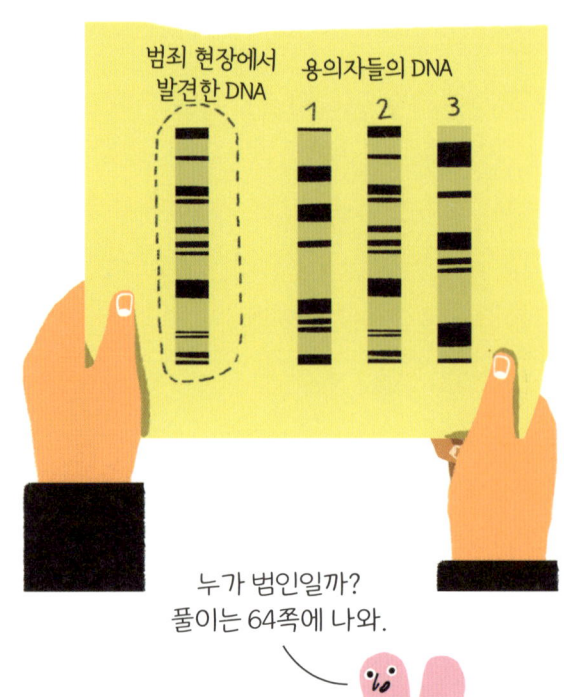

누가 범인일까?
풀이는 64쪽에 나와.

앨릭 제프리는 이 배열이 반복되는 수를 이용하면, DNA가 누구 것인지 알아낼 수 있다는 걸 깨달았어. 물론 한 지점이 아니라 여러 지점의 수를 함께 살펴보아야 했는데, 그는 이게 얼마나 중요한지 알았어. **유전자 지문**을 발명한 거야! 얼마 뒤, 앨릭 제프리는 이 방법을 이용해 처음으로 범인을 찾아냈어.

원래 이 방법은 아주 복잡하고, 제대로 분석하려면 증거의 양이 많아야 했어. 하지만 PCR 기술이 등장해 상황이 바뀌었지. **PCR**은 **중합 효소 연쇄 반응**을 줄인 말인데, 작은 DNA 조각을 복제하는 기술이야. 얼마나? 수백만 배나! 이 기술을 사용하면, 범죄 현장에서 세포를 단 하나만 찾아내도 유전자 지문으로 얼마든지 범인을 찾아낼 수 있어. 그럼 유전자 지문으로 모든 사람을 구분할 수 있을까? 꼭 그렇지는 않아! 왜냐하면 일란성 쌍둥이는 DNA가 서로 똑같기 때문이지. 그래서 일란성 쌍둥이를 구분하려면 유전자 지문이 아니라 보통 지문을 사용해야 해. 쌍둥이도 지문이 서로 다르거든.

> 유전자 지문은 DNA의 특정한 염기 배열의 길이로 사람들을 서로 구분하는 방법이야.
> PCR은 DNA를 증폭하여 아주 적은 양의 DNA도 감지할 수 있게 해 주는 기술이야.

새로운 백신

코로나19라는 새로운 바이러스에 감염된 환자가 발생했다는 사실이 2019년 말에 처음으로 알려졌어. 이 바이러스는 순식간에 전 세계로 퍼졌고, 신속하게 백신이 개발되었어. 그 과정에 완전히 새로운 유전자 기술이 사용되었지. 왜 그랬을까? 그때까지 시험을 통과한 백신들은 약화하거나 죽인 병원체, 또는 병원체의 단백질을 몸에 주입하는 원리를 이용했어. 이런 백신은 몸에 해를 입히지 않아. 그러면서도 면역계가 병원체를 미리 알아보고 나중에 있을 진짜 병원체의 공격에 대비하게 만들지. 진짜 병원체가 몸에 침투하면, 우리 몸의 면역계는 오래전에 준비해 둔 무기로 재빨리 병원체를 물리쳐. 하지만 이런 방식으로 백신을 개발하여 생산하는 데에는 돈과 시간이 많이 들어. 유전자 기술을 이용하면 훨씬 빨리 백신을 개발할 수 있지. 유전자 기술로 개발한 백신은 병원체나 단백질이 아니라 병원체의 유전 정보만 세포에 주입하는 게 결정적인 차이야.

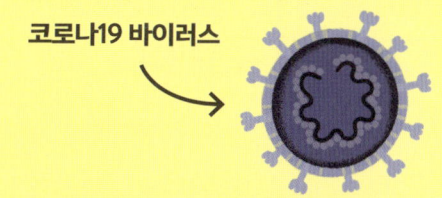
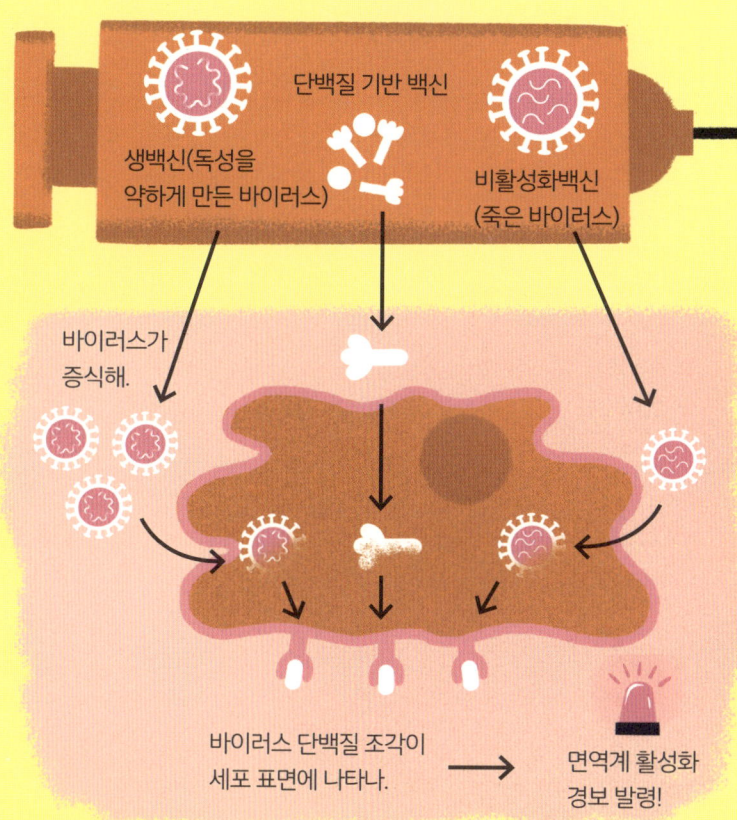

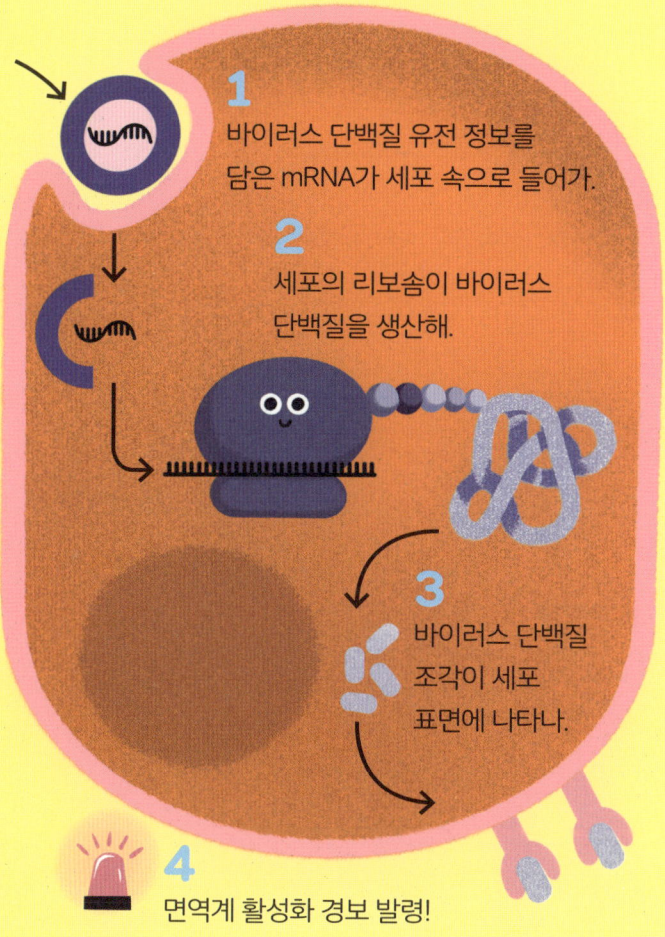

mRNA 백신이 코로나19 바이러스와 싸우는 데 효과가 아주 좋다는 게 증명되었어. 이 백신에서는 mRNA가 바이러스 단백질에 대한 정보를 세포에 전달해. mRNA를 세포에 침투시키기 위해서는 지방 껍질 안에 넣어야 해. 이 껍질이 우리 몸의 세포 껍질과 융합하면 mRNA가 세포 속으로 들어가지. 그러면 세포가 mRNA가 전달한 정보로 바이러스 단백질을 생산해. 그다음에 벌어지는 일은 다른 백신을 맞았을 때와 똑같아. 면역계가 병원체를 알아보고, 무기를 만들어서 나중에 진짜 병원체가 공격했을 때 싸울 준비를 하는 거지. 적절한 껍질이 있으면, 병원체에 대한 어떤 유전 정보도 세포에 전달할 수 있어. 똑같은 장난감 블록으로 여러 건물을 만드는 것과 비슷해! 이 방법을 사용하면 백신을 빨리 개발할 수 있고, 필요할 때 그 백신을 바꾸기도 쉬워. mRNA 백신의 이런 특성이 코로나19 바이러스와 싸울 때 좋은 효과를 발휘한 거지. 말라리아나 암 같은 심각한 질병을 예방하는 mRNA 백신도 이미 개발 중이야.

생명과 우리 자신에 대한
비밀이 다 풀린 걸까?

우리는 생명의 기원에 다다랐어. 생명의 언어인 DNA 코드를 해독하게 되었지.
인간의 설계도도 읽게 되었어. 그 과정에서 우리 자신에 대해 많은 것을 알았어.
우리가 어디에서 왔는지, 무엇이 우리를 결정하는지 배웠어. 우리가 서로 얼마나
닮았고 서로 얼마나 다른지도 알게 되었어. 우리 인간이 자연에 깊이
뿌리를 내리고 있다는 것도.

이게 끝이 아니야.

우리는 생명의 설계도를 인공적으로 바꾸는 방법을 알아냈어.
그리고 거대한 꿈을 꾸고 있지. 이 지식으로 굶주림, 기후 변화, 질병을
몰아내는 꿈 말이야. 그 꿈의 일부는 현실이 되고 있어. 하지만 걱정거리도
남아 있어. 새로운 기술이 인류의 이익을 위해서 사용되지 않으면 어떡하지?
새로운 기술 때문에 우리가 예상하지 못한 일이 이미 벌어지고 있는 건 아닐까?

한계선을 어디에 그어야 할까?

대답해야 할 질문들은 너무 많은데, 아직 우리는 답을 몰라.
풀어야 할 비밀도 여전히 많지. 언젠가 젊은 과학자들이
해답을 찾아낼 거야.

너도 연구해 봐

백변종 고슴도치

드물기는 하지만 보통 고슴도치와 달리 몸이 흰색인 고슴도치가 있어. 백변종 고슴도치야. 백변종 고슴도치는 멜라닌 색소가 부족해. 눈이 빨갛지. 백변종 유전자는 열성이야. 백변종 고슴도치와 보통 고슴도치가 짝짓기해서 새끼를 낳으면 어떻게 될지 생각해 봐. 백변종 새끼가 태어날까? 힌트를 줄게. 백변종 유전은 완두콩 실험에서 흰 꽃이 유전되는 방식과 비슷해.

가계도 만들기

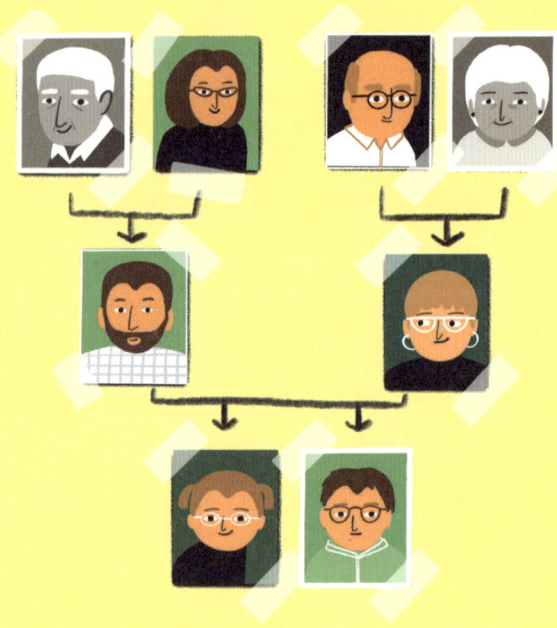

너의 가족들 사이에서 유전자가 어떻게 유전되었는지 추적해 봐! 가족 중에 누가 혀를 동그랗게 말 수 있는지, 누구 귓불이 얼굴에서 떨어져 있는지, 누구 앞머리가 V자 모양인지 조사해 봐. 흔하지 않은 특징을 지닌 가족이 분명히 있을 거야. 뺨이나 볼에 보조개가 있을 수도 있고, 곱슬머리나 직모, 쌍꺼풀, 주근깨를 지닌 가족도 있을 거야. 최대한 많은 가족한테서 정보를 수집해. 그다음에 가계도를 그려. 큰 종이에 가족들 사진을 붙이고, 그 아래에 조사한 걸 적어. 가계도를 보니 공통 특징이 보이니? 보조개나 V자 모양 앞머리를 나타내는 유전자는 우성이야. 만약 너한테 그런 특징이 있으면, 적어도 엄마와 아빠 중에 한 사람은 같은 특징이 있을 거야. 엄마와 아빠로부터 받은 유전자 두 벌 가운데 하나에만 그런 유전자가 있어도 그 특징이 나타나거든. 하지만 많은 특징은 여러 유전자가 관련되어 있어서 그 특징이 어떻게 유전되는지 예측하기 어려워.

염색체 지도

아래쪽 염색체 지도를 분석해 봐. 이 염색체 주인은 남자일까 여자일까? 이 사람의 염색체에는 특이한 점이 있는데, 그게 뭔지 알겠니?

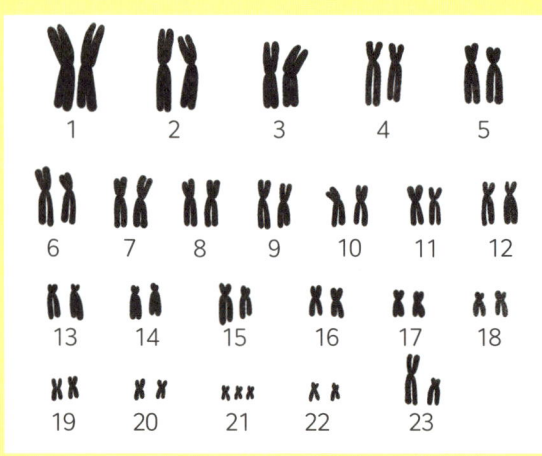

클론

너도 클론을 만들 수 있어! 화분이나 정원에서 자라는 식물로 만들 수 있지. 새로 난 가지를 10센티미터쯤 잘라서 커다란 잎은 따서 버리고, 물에 담가 놔. 며칠이 지나면 뿌리가 나오기 시작할 거야. 뿌리가 충분히 자라면 네가 만든 클론을 작은 화분에 옮겨 심어.

풀이는 64쪽에 있어.

찾아보기

DNA(디옥시리보 핵산) 19, 22, 23, 24, 26-27, 30, 36, 37-38, 39
DNA 서열 결정 36, 39
DNA 이중나선 21, 22, 27
DNA 중합 효소 28
ipS 세포 56
mRNA 24-26, 59
mRNA 백신 59
PCR(중합 효소 연쇄 반응) 58
RNA(리보 핵산) 19, 24-26, 30, 38, 46, 58
RNA 코돈표 26
tRNA 25
감수 분열 14, 15
개인 맞춤형 의료 41
거던, 존 55
구아닌 19, 20, 21, 27
길버트, 월터 36
낫 적혈구병 29, 31, 49
녹색 유전 공학 50-51
다우드나, 재니퍼 48
다윈, 찰스 30
단백질 23-26, 27, 28, 38, 42-43, 44, 45, 46, 48, 59
돌연변이 28-31, 50
디옥시리보오스 19
리보솜 24-26, 59
리보오스 19
말라리아 31, 52, 59
말라리아 병원충 31, 52
멘델, 그레고어 6-11
모건, 토머스 16-17
미셰를, 프리드리히 18
바이러스 46-47, 48, 59
박테리아 30, 42-45, 48, 51
배아 줄기세포 56
백신 59
번역 25-26
벤터, 크레이그 36
보베리, 테오도어 14
복제 22
복제 양 돌리 54-55
부샤드, 토머스 32-33
생명의 나무
생명의 코드 26
생식 세포 7-8, 14-15, 28-29, 49-54
생어, 프레드 36
샤가프, 어윈 20
샤르팡티에, 에마뉘엘 48
서턴, 월터 14
성염색체 15, 17
세포들의 기억 38
세포핵 12, 18, 19, 24-27, 46, 54
수리 단백질 28
시토신 19, 20, 21, 27
아데닌 19, 20, 21, 27, 29
아미노산 24-26, 29
암 28, 33, 41, 47, 59
야마나카, 신야 56
에이버리, 오즈월드 19
열성 9, 11, 62
염기 19, 20, 21, 22, 23, 26, 27
염색질 12-13, 15
염색체 13-15, 17, 42-43, 47
염색체 지도 15, 62
왓슨, 제임스 20-22
우라실 19
우성 9, 11, 62
윌킨스, 모리스 20-21
유전병 28, 29
유전자 10, 23, 37
유전자 가위 48-49, 50, 53
유전자 다양성 31
유전자 드라이브 52-53
유전자 이식 동물 45
유전자 지도 17
유전자 지문 58
유전자 치료 46-47, 49
유전자 코드 21, 23, 25-26
유전자 택시 46-47
유전체 36, 39
인간 유전체 프로젝트 36-37, 39
인산 19, 20, 21
인슐린 44
일란성 쌍둥이 32-33, 34, 54, 58
재조합 DNA 43-45
저항성 유전자 52-53
전사 24, 26
절단 단백질 42-43
접착 단백질 42-43
제프리, 앨릭 58
진화 30-31
처치, 조지 57
체세포 분열 13, 15
코로나19 바이러스 59
크리스퍼 48-49, 50, 53
크릭, 프랜시스 20-22
클론 54-55, 62
티민 19, 20, 21, 27, 29
프랭클린, 로절린드 20
플라스미드 42-45
플레밍, 발터 12
핵산 18-19
후성유전학 38-39
히스톤 27

풀이

26쪽 RNA 코돈표

코드를 풀었니? RNA 코돈표를 다시 봐.
"GUC" 배열은 발린이라는 아미노산을 나타내. "AGC" 배열은 세린이라는 아미노산을 나타내. "AUG" 배열은 메티오닌이라는 아미노산을 나타내. "AUG"를 개시코돈이라고 부르기도 하지. 왜냐하면 "AUG"가 번역을 시작하는 지점을 알려 주기 때문이야. 그 지점에서 새로운 아미노산 사슬이 생산되기 시작해. "UAG" 배열도 아미노산을 나타내지 않아. 이건 종결코돈이거든. 이 지점에서 번역을 끝내라는 뜻이지. 이곳에서 아미노산 사슬이 끝나.

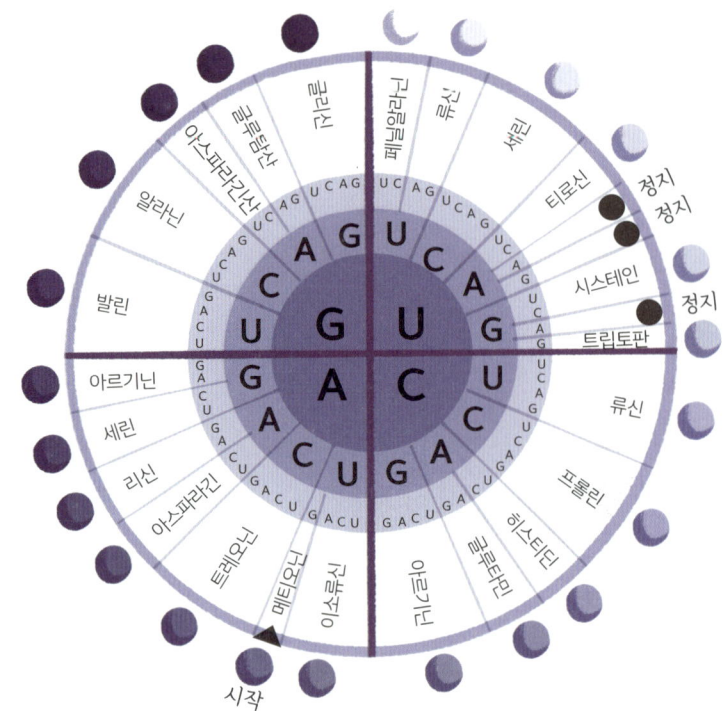

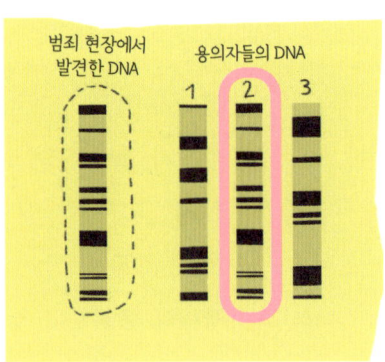

58쪽

2번이 범인의 DNA야. 2번 DNA의 줄무늬 패턴(밴드 패턴)이 범죄 현장에서 발견된 DNA와 일치하기 때문이지. 그런데 이런 패턴은 어떻게 나오는 걸까? DNA의 특정 부분들을 증폭한 다음, 길이에 따라서 분리해서 염색하면 이런 패턴이 나와. DNA를 이런 방식으로 분석하면, 사람마다 다른 패턴이 나오지. 이 방법으로 사람을 확실하게 구분해 낼 수 있어.

62쪽 백변종 고슴도치

다음 세대에서는 백변종 고슴도치가 태어나지 않아. "정상" 유전자가 이상 유전자를 덮어 버리기 때문이지.

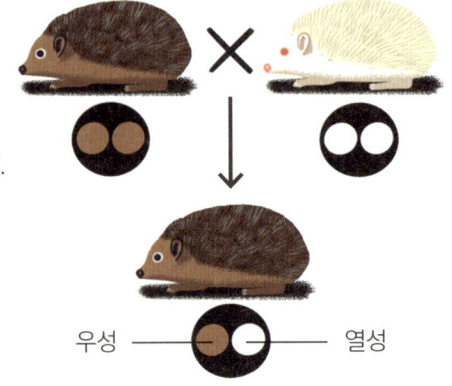

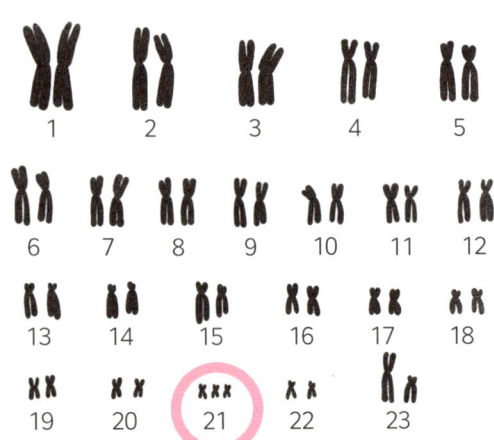

염색체 지도

왼쪽 염색체 지도에는 X염색체와 Y염색체가 있어. 성염색체를 기준으로 하면 이 사람은 남성이야. 그리고 이 사람의 21번 염색체는 세 벌이야. 이런 염색체 이상을 21번 삼염색체증 또는 다운증후군이라고 불러. 인터넷 검색으로 다운증후군에 대해서 더 연구해 봐.

| 너머학교 역사 그림책 시리즈 |

아마존에서 조선까지 고무 따라 역사 여행
최재인 글 | 이광익 그림

조선에서 파리까지 편지 따라 역사 여행
조현범 글 | 강전희 그림

식탁에서 약국까지 설탕 따라 역사 여행
김곰 글 | 김소영 그림

하늘로 날아
샐리 덩 글·그림 | 허미경 옮김

세종로 1번지 경복궁 역사 여행
장지연 글 | 여미경 그림

망치질하는 어머니들 깡깡이마을 역사 여행
박진명 글 | 김민정 그림

| 너머학교 톡톡 지식그림책 시리즈 |

1 타다, 아폴로 11 호
브라이언 플로카 글·그림 | 이강환 옮김

2 증기기관차 대륙을 달치다
브라이언 플로카 글·그림 | 유만선 옮김

3 밤하늘을 봐!
제이컵 크레이머 글 | 스테파니 숄츠 그림 | 하미나 옮김

4 얼음이 바사삭 그림 사전
레나 회베리 글·그림 | 신동경 옮김

5 손은 똑똑해
마그다 가르굴라코바 글 | 비체츠슬라프 메츠네르 그림 | 신동경 옮김

6 똑똑한 기계들 사이에서
코시코사 글 | 안나 세이사스 그림 | 임수진 옮김

7 백신은 똑똑해
마르크 판란스트·헤이르트 바우카에르트 글 | 카탕카 판데르산더 그림 | 신동경 옮김

8 플라잉메이저호의 세계 일주 하늘 여행
코마야스칸 글·그림 | 최진선 옮김